Malen und Gestalten

Das Ideenbuch
für kleine Künstler

Fiona Watt

Gestaltung: Amanda Barlow und Non Figg

Illustrationen: Amanda Barlow, Non Figg, Jan McCafferty, Lucy Parris, Nicola Butler, Kathy Ward, Christina Adami und Rachel Wells

Fotografien: Howard Allman

nach Ideen von Gill Figg und Ray Gibson

Inhalt

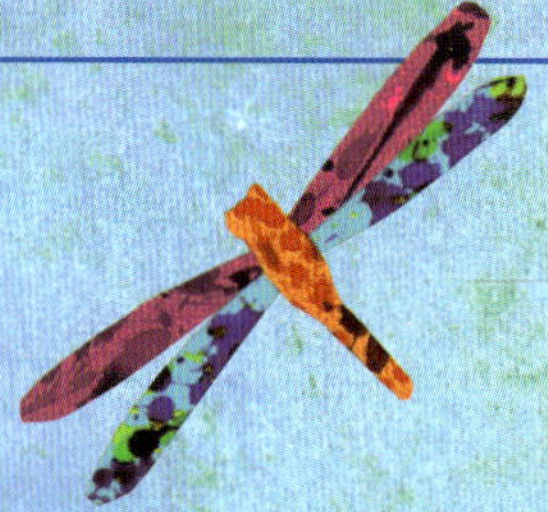

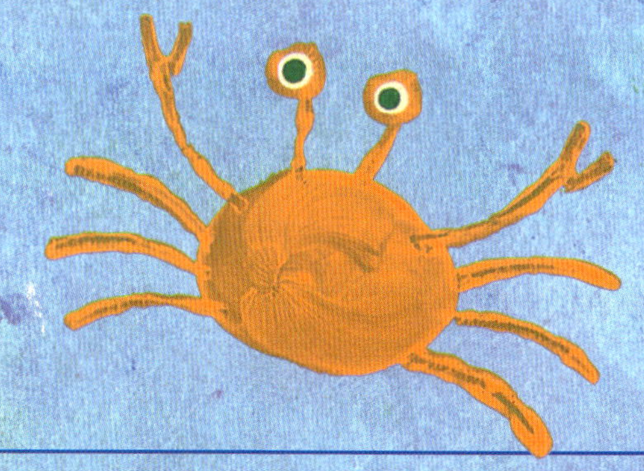

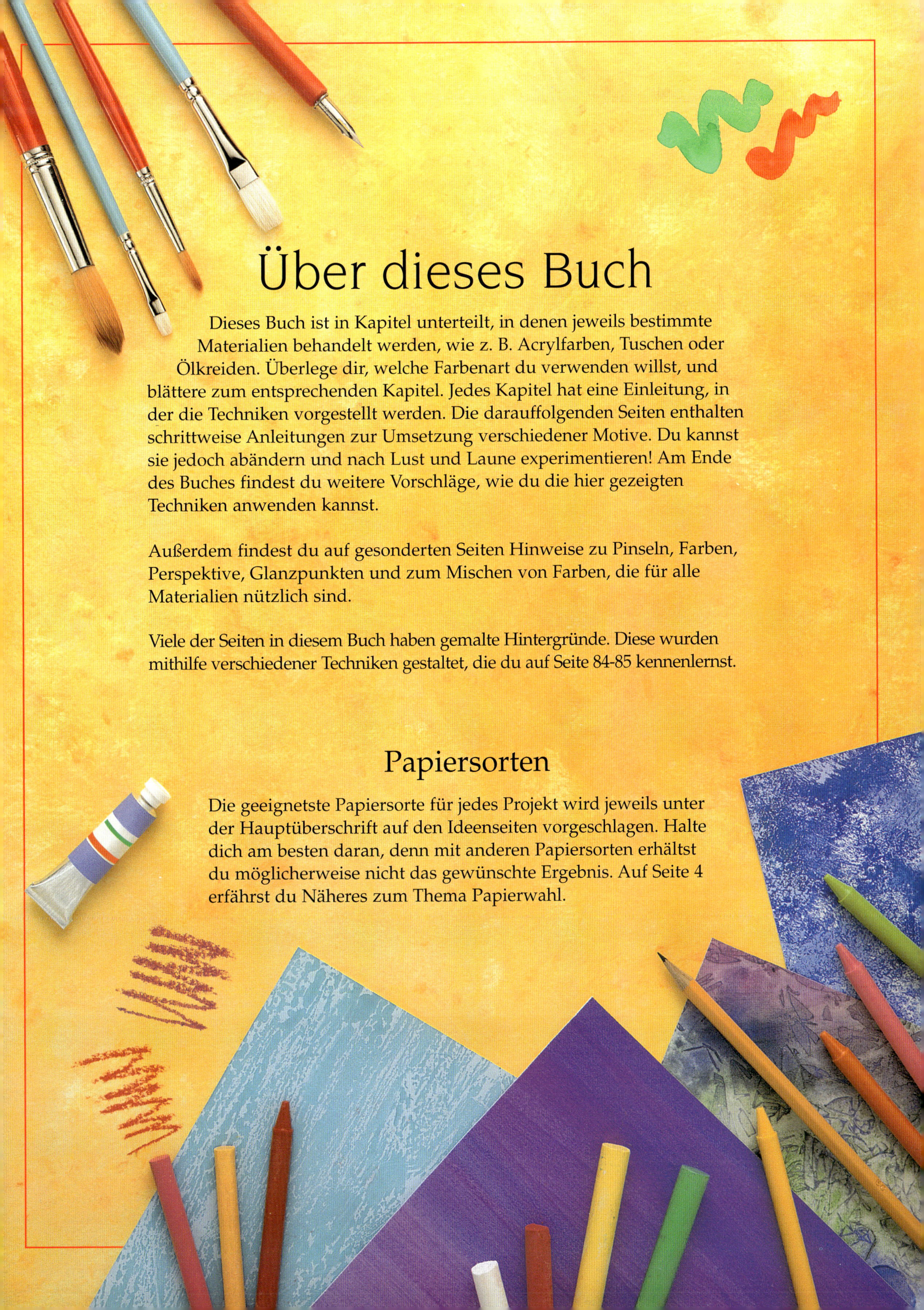

Über dieses Buch

Dieses Buch ist in Kapitel unterteilt, in denen jeweils bestimmte Materialien behandelt werden, wie z. B. Acrylfarben, Tuschen oder Ölkreiden. Überlege dir, welche Farbenart du verwenden willst, und blättere zum entsprechenden Kapitel. Jedes Kapitel hat eine Einleitung, in der die Techniken vorgestellt werden. Die darauffolgenden Seiten enthalten schrittweise Anleitungen zur Umsetzung verschiedener Motive. Du kannst sie jedoch abändern und nach Lust und Laune experimentieren! Am Ende des Buches findest du weitere Vorschläge, wie du die hier gezeigten Techniken anwenden kannst.

Außerdem findest du auf gesonderten Seiten Hinweise zu Pinseln, Farben, Perspektive, Glanzpunkten und zum Mischen von Farben, die für alle Materialien nützlich sind.

Viele der Seiten in diesem Buch haben gemalte Hintergründe. Diese wurden mithilfe verschiedener Techniken gestaltet, die du auf Seite 84-85 kennenlernst.

Papiersorten

Die geeignetste Papiersorte für jedes Projekt wird jeweils unter der Hauptüberschrift auf den Ideenseiten vorgeschlagen. Halte dich am besten daran, denn mit anderen Papiersorten erhältst du möglicherweise nicht das gewünschte Ergebnis. Auf Seite 4 erfährst du Näheres zum Thema Papierwahl.

Materialien

Für die Ideen in diesem Buch werden Materialien verwendet, die du in jedem Künstlerbedarfsladen findest. Auf diesen Seiten erfährst du zunächst Allgemeines zu den Materialien. Am Anfang jedes Kapitels werden sie dann noch einmal näher vorgestellt. Seite 6 enthält Wissenswertes über Pinsel.

Papier

Bei jeder neuen Farbenart wird unter der Seitenüberschrift eine Papiersorte vorgeschlagen. Zeichen- und Aquarellpapier kannst du als Block oder in einzelnen Bogen kaufen.

Zeichenpapier eignet sich gut für Tuschen und Pastellfarben.

Schreib- oder Druckerpapier

Aquarellpapier ist Spezialpapier für Aquarellfarben.

Pastell- oder Ingrespapier ist Spezialpapier für Pastellfarben.

Seidenpapier

Sauberkeit

Decke deine Arbeitsoberfläche mit viel Zeitungspapier ab, bevor du loslegst. Schütze deine Kleidung mit einem alten T-Shirt oder einer Schürze.

Experimentiere mit verschiedenen Papiersorten, wie z. B. braunem Packpapier.

Wenn du farbiges Papier verwendest, verändern sich auch die aufgetragenen Farben.

Farben

In diesem Buch werden Acrylfarben, Aquarellfarben und Plakatfarben verwendet. Es gibt sie in verschiedenen Behältern, wie z. B. Farbkästen, Tuben und Flaschen. Seite 8 enthält Vorschläge zum Farbenkauf.

Am Anfang jedes Kapitels wird das Mischen des jeweiligen Farbtyps erklärt.

Acrylfarben gibt es in Tuben und Flaschen. Kaufe anfangs kleine Tuben.

Aquarellfarbkästen sind sparsamer im Verbrauch als Tuben.

Plakatfarben ähneln Acrylfarben, sind aber preisgünstiger.

Acryl- und Plakatfarben gibt es auch in Gold und Silber.

Tusche

Farbige Tusche gibt es in kleinen Flaschen. Du kannst sie mit einem Pinsel oder Federhalter auftragen.

Tuschepatronen kann man in vielen Farben kaufen.

Tusche gibt es in vielen leuchtenden Farben.

Kreiden

Dieses Buch zeigt dir, wie du mit Pastell- und Ölkreiden zeichnen kannst. Sie sind als Set oder einzeln erhältlich.

Pastellkreiden

Ölkreiden erzeugen deutlich leuchtendere Farben als Pastellkreiden.

Wachsstifte

Wachsstifte gibt es meist im Set. Sie sind nicht teuer, und man kann tolle Sachen mit ihnen machen.

Stifte und Federn

Für manche Ideen brauchst du Filzstifte. Du kannst auch Fineliner, einen normalen Patronenfüller oder einen Zeichenfederhalter verwenden.

Filzstift

Zeichenfederhalter verwendet man mit einem Tuschefass.

Patronenfüller

Weiteres Zubehör

Für manche Projekte brauchst du außerdem: Küchenpapier, Zeitungen, einen Schwamm, Stoffreste zum Reinigen deiner Pinsel, Joghurtbecher und ein großes Glas bzw. einen Plastikbehälter für Wasser.

Mischpaletten

Du brauchst etwas, worauf du deine Farben mischen kannst. Anstelle einer Mischpalette kannst du auch einen alten Teller oder den Deckel eines Plastikbehälters nehmen.

Nimm einen weißen Teller oder Deckel. So siehst du gleich, wie die Farbe aussieht, die du mischst.

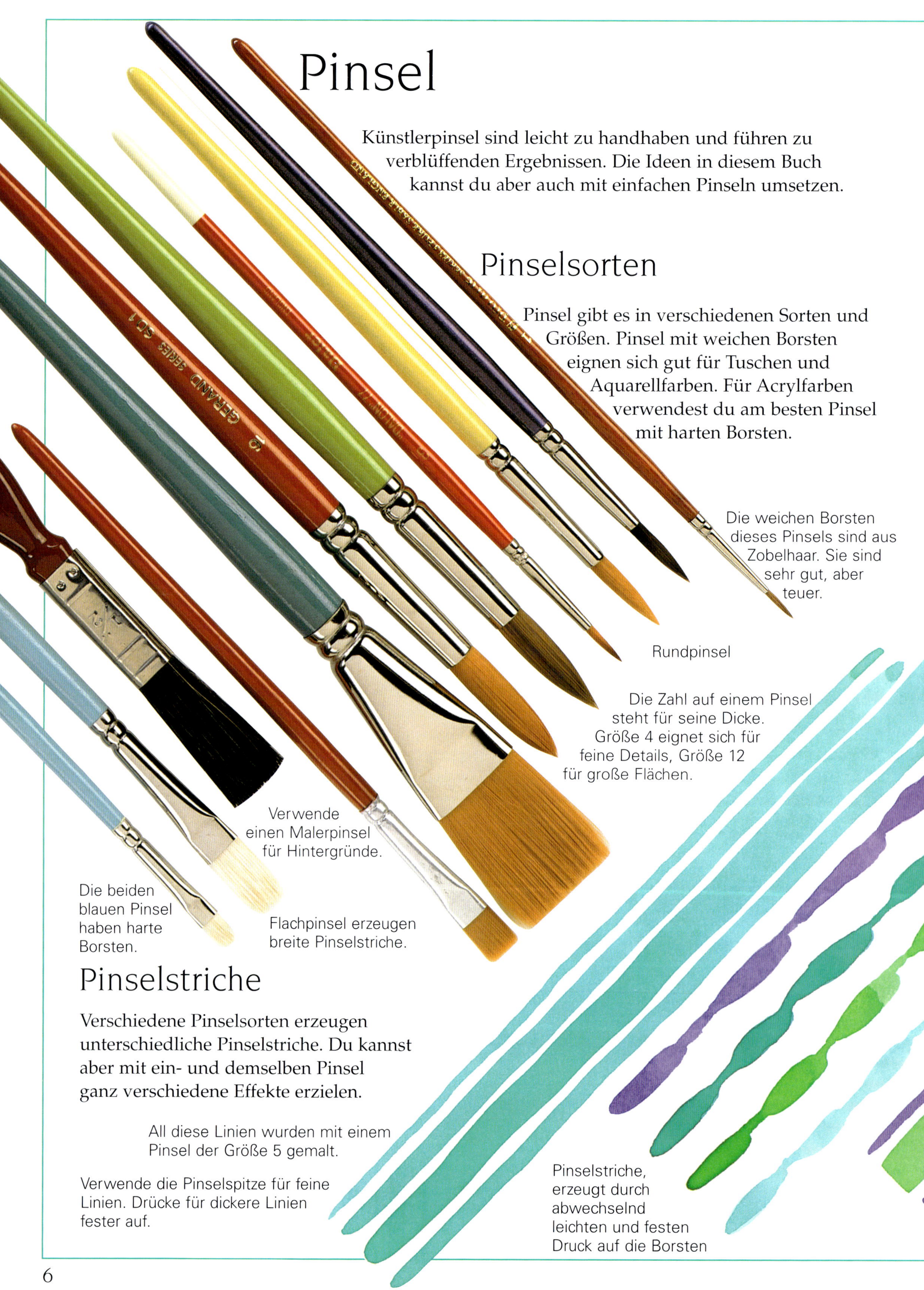

Pinsel

Künstlerpinsel sind leicht zu handhaben und führen zu verblüffenden Ergebnissen. Die Ideen in diesem Buch kannst du aber auch mit einfachen Pinseln umsetzen.

Pinselsorten

Pinsel gibt es in verschiedenen Sorten und Größen. Pinsel mit weichen Borsten eignen sich gut für Tuschen und Aquarellfarben. Für Acrylfarben verwendest du am besten Pinsel mit harten Borsten.

Die weichen Borsten dieses Pinsels sind aus Zobelhaar. Sie sind sehr gut, aber teuer.

Rundpinsel

Die Zahl auf einem Pinsel steht für seine Dicke. Größe 4 eignet sich für feine Details, Größe 12 für große Flächen.

Verwende einen Malerpinsel für Hintergründe.

Die beiden blauen Pinsel haben harte Borsten.

Flachpinsel erzeugen breite Pinselstriche.

Pinselstriche

Verschiedene Pinselsorten erzeugen unterschiedliche Pinselstriche. Du kannst aber mit ein- und demselben Pinsel ganz verschiedene Effekte erzielen.

All diese Linien wurden mit einem Pinsel der Größe 5 gemalt.

Verwende die Pinselspitze für feine Linien. Drücke für dickere Linien fester auf.

Pinselstriche, erzeugt durch abwechselnd leichten und festen Druck auf die Borsten

Pinselpflege

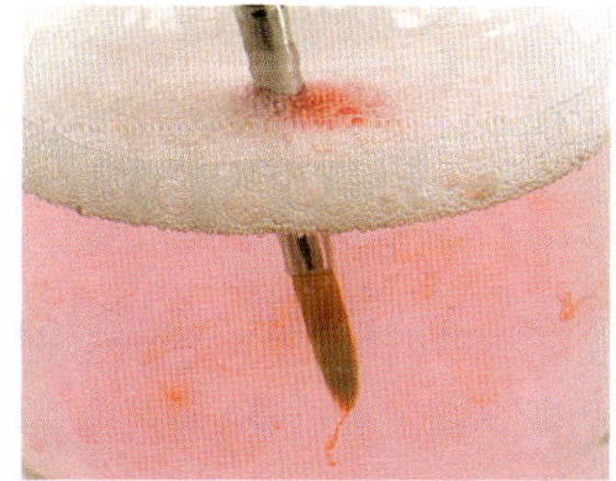

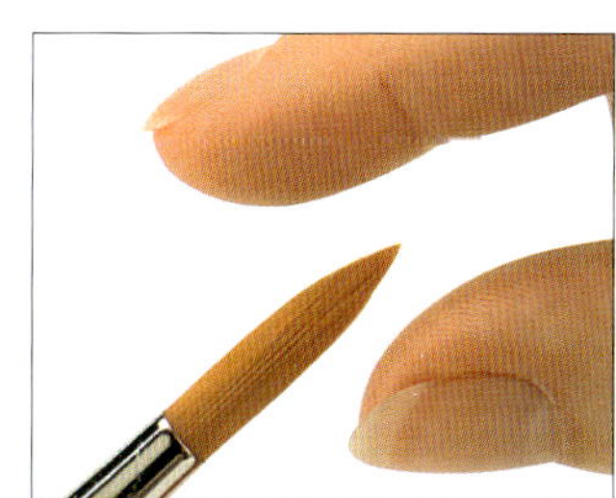

Bewahre Pinsel in einer Schachtel oder aufrecht in einem Becher auf.

Lass Pinsel nicht im Wasser stehen, denn dies beschädigt die Borsten.

Wasche Pinsel in warmem Seifenwasser. Warmes Wasser lockert die Borsten.

Bring die Borsten vor dem Trocknen mit deinen Fingern in Form.

Bewahre Pinsel sicher auf, damit die Borsten nicht beschädigt werden.

Füge verschiedene Pinselstrichkombinationen zu Mustern zusammen.

Lege die Borsten für Abdrücke wie diese flach aufs Papier.

Dieses Schachbrettmuster wurde mit der Spitze eines Flachpinsels gemalt.

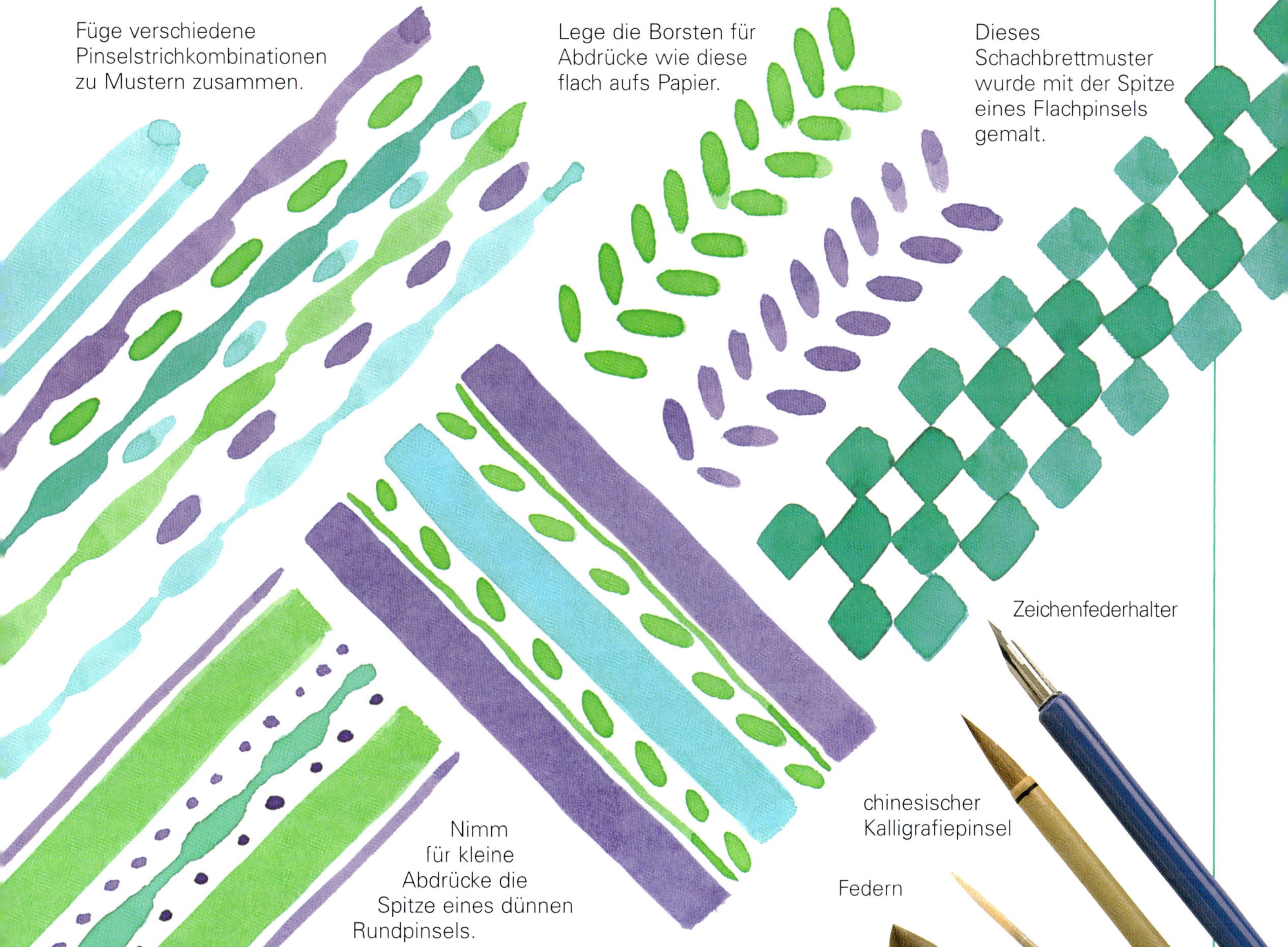

Zeichenfederhalter

chinesischer Kalligrafiepinsel

Federn

Nimm für kleine Abdrücke die Spitze eines dünnen Rundpinsels.

Wattestäbchen

Schwamm

Andere „Pinsel"

Neben Künstlerpinseln gibt es viele andere Gegenstände, mit denen man malen kann. Du kannst beispielsweise mit den hier abgebildeten Dingen experimentieren.

Farben mischen

Du brauchst nur einige wenige Malfarben, um viele andere Farben mischen zu können. Hier findest du Vorschläge zu den Grundfarben, die du kaufen solltest.

Zinnoberrot – eignet sich zum Mischen mit Gelb zu Orange, oder mit Blau zu Braun

Ultramarinblau – eignet sich zum Mischen mit Rot zu Lilatönen

Zitronengelb – gut zum Mischen mit Blau für Grüntöne

Ockergelb – eignet sich zum Mischen mit Rot für Erdfarbtöne, wie z. B. Braun und Terrakotta

Preußisch- oder Kobaltblau – gut zum Mischen mit Gelb für Grüntöne

Purpurrot – eignet sich zum Mischen mit Blau zu Lilatönen

gebrannte Umbra – mische es mit Blau zu Schwarz.

Weiß – mische es mit Farben, um Pastelltöne zu erhalten.

Vorsicht mit Schwarz!

Diese Farben wurden mit Schwarz dunkler gemacht.

Diese Blau-Braun-Mischung wurde in Purpurrot gemischt.

Nicht mal für Grau brauchst du Schwarz.

Wenn du eine Farbe mit Schwarz dunkler machst, kann sie sehr stumpf aussehen. Verwende stattdessen andere Farben zum Abdunkeln.

Nimm statt Schwarz eine Mischung aus Ultramarinblau und gebrannter Umbra. Verwende diesen Schwarzton, um Farben dunkler zu machen.

Hellgrau erzielst du, indem du Blau mit Weiß vermischst und dann ein wenig Gelb und Zinnoberrot hinzufügst.

Himmel

Blau und Weiß

Zinnoberrot und Zitronengelb

mit wenig Orange

mit mehr Blau

mit etwas Weiß

mit deutlich mehr Blau, Rot und Gelb

mit mehr Weiß

1. Mische auf der Palette Weiß und Kobaltblau. Reinige den Pinsel. Mische Zinnoberrot und Zitronengelb zu Orange.

2. Füge der Blaumischung ein klein wenig Orange hinzu. Welche Farbe entsteht? Mische dann etwas Weiß hinein.

3. Mische verschiedene Farben hinein. Manche Farben sind gut für klare, andere für bewölkte Himmel.

Hautfarben

Pinsle die Farbe neben das Viereck.

Versuche, die Gesichtsfarbe so gut wie möglich zu treffen.

1. Schneide aus Zeitschriften-bildern von Gesichtern Vierecke aus. Klebe sie auf Papier.

2. Mische etwas Rot mit Weiß. Füge etwas Gelb und Blau hinzu, bis du einen ähnlichen Farbton hast.

3. Schneide eine Gesichtshälfte aus und klebe sie auf. Male die andere Hälfte dazu. Gleiche die Farbe dabei an.

Grüntöne

Ist dir aufgefallen, dass die Liste der empfohlenen Farben kein Grün enthält? Du musst es nicht kaufen, denn du kannst andere Farben leicht zu verschiedenen Grüntönen zusammenmischen.

1. Mische etwas Zitronengelb und Kobaltblau, um ein leuchtendes Grün herzustellen.

2. Füge verschiedene Mengen Rot hinzu. Wie viele Grüntöne kannst du erzeugen?

Acrylfarben

Acrylfarben sind leuchtend und leicht zu mischen. Man kann sie für verschiedene Effekte auf vielerlei Weisen verwenden.

Verwendung

Gib kleine Kleckse Acrylfarbe auf einen alten Teller oder eine Palette. Du kannst sie mit Wasser vermischen oder unverdünnt verwenden. Wasche deine Pinsel gut aus, denn nach dem Trocknen ist die Farbe wasserfest.

Du kannst die Farbe direkt aus der Tube verwenden.

Alternativ kannst du sie mit Wasser verdünnen.

Struktureffekte

Trage die Farbe unverdünnt mit einem Flachpinsel auf und mache kurze Pinselstriche.

Bemale eine kleine Fläche mit dicker Farbe und kratze mit einem Stück Pappe darüber.

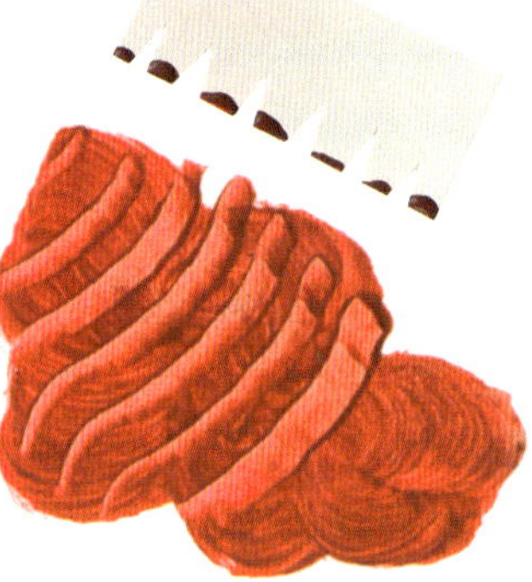

Schneide Kerben in ein Stück Pappe. Kratze damit über die Farbe. So erzeugst du Streifen.

Kratze mit dem Ende eines Pinsels Spiralen in dicke Farbe. Schüttle das Blatt anschließend aus.

Gittereffekt: Drücke die Kante eines dicken Pappstücks mehrmals in die feuchte Farbe.

Kratze mit den Zinken einer Plastikgabel kurze Striche in die dicke Farbe.

Verdünne Farbe mit etwas Wasser. Male Wellenlinien in verschiedenen Farbtönen.

Male breite Streifen mit wässriger Farbe. Lass sie trocknen. Male mit dicker Farbe Formen darüber.

Dieses Bild wurde aus Papierbögen gestaltet, die zuerst mithilfe der Techniken auf der gegenüberliegenden Seite strukturiert wurden. Nach dem Trocknen wurden Formen daraus ausgeschnitten und als Collage zusammengeklebt.

Dicke und dünne Farbe

DICKES PAPIER, ZUM BEISPIEL ZEICHENPAPIER

Du erhältst verschiedene Effekte, je nachdem, ob du Acrylfarbe direkt aus der Tube verwendest oder sie mit Wasser verdünnst. Du kannst dir auch zunutze machen, dass dünnes Papier, wie z. B. Seidenpapier, nach dem Trocknen an Acrylfarbe kleben bleibt.

Der Hintergrund des Bildes unten wurde mit dünner Farbe gemalt. Dann wurden Muster mit dicker Farbe hinzugefügt.

Für das Schottenmuster wurden die grünen und weißen Streifen mit dünner Farbe gemalt, und die lilafarbenen mit dicker Farbe.

Oben: Male Quadrate mit dünner Farbe und füge dann Details mit dicker Farbe hinzu.

Die lila Blume rechts ist aus Seidenpapier, auf das dicke weiße Farbe gemalt wurde.

Quadrate, Linien und Punkte aus dicker Farbe

Die Erdbeere wurde aus Seidenpapier ausgeschnitten und dann mit dicker weißer Farbe bemalt.

Seidenpapier-Drucke

Rotes oder oranges Seidenpapier eignet sich am besten.

1. Mische Farbe mit viel Wasser und male damit eine sehr dünne Farbschicht (Lavur).

2. Schneide eine Form aus Seidenpapier aus und drücke sie auf die nasse Farbe.

3. Lass das Bild ca. eine Minute liegen. Ziehe dann das Seidenpapier ab.

Die Streifen und Punkte unten wurden alle mit dicker Farbe gemalt.

Die Herzen oben und unten wurden gedruckt.

Links: Die Blume und das Blatt sind aus dick mit Farbe bepinseltem Seidenpapier.

Die Details auf dem Hund und den Fischen wurden nach dem Trocknen mit Filzstift hinzugefügt.

Seidenpapier-Herz mit dicker Farbschicht

Punktemuster

GROSSER BOGEN ZEICHENPAPIER

Mische die Farben in
einem Plastikbehälter.

1. Mische Orange
aus roter und gelber
Acrylfarbe. Füge Blau
hinzu, um Rostbraun
zu erzielen.

2. Bemale ein großes
Blatt Papier komplett
mit Rostbraun. Nimm
einen dicken Pinsel
und wässrige Farbe.

3. Wenn das Blatt
trocken ist, male mit
dicker Farbe eine
große schwarze
Schlange darauf.

4. Male mit Ocker-
gelb einen Ring
in die Mitte der
Schlange und lass
ihn trocknen.

5. Schneide drei Stücke
Schwammtuch aus
und befeuchte sie
leicht. Lege sie dann
in drei Becher.

6. Verteile nun
schwarze, ocker-
farbene und weiße
Farbe auf die
Schwammtücher.

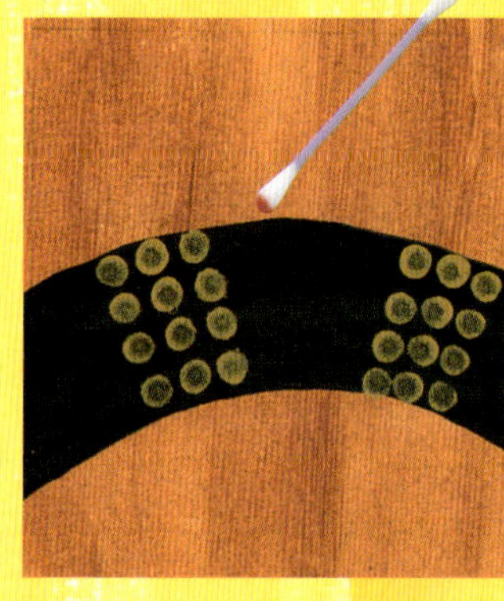

7. Drücke ein Watte-
stäbchen auf das
ockerfarbene Tuch.
Drucke Punktreihen
auf die Schlange.

8. Füge dazwischen
mit einem neuen
Wattestäbchen rost-
braune Punkte in
Reihen hinzu.

9. Bedrucke den
Umriss der Schlange
in gleichmäßigen
Abständen mit
weißen Punkten.

10. Zeichne Kreise in
den ockerfarbenen
Ring. Drucke weiße
Punkte entlang der
Linien.

11. Drucke um den
ockerfarbenen Ring
schwarz-weiße
Blumen und ocker-
farbene Punkte.

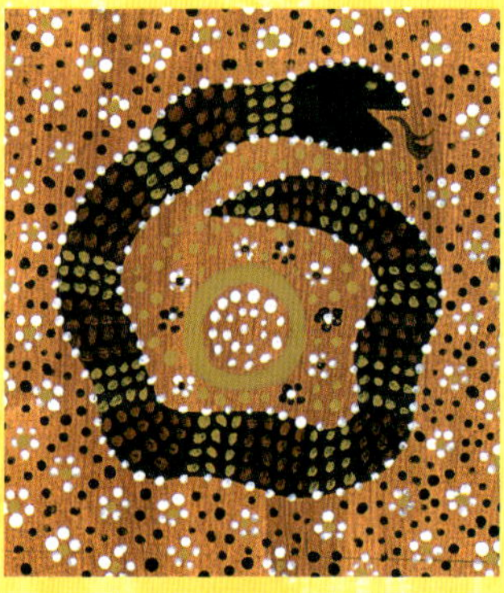

12. Drucke weiße und
ockerfarbene Blumen
um die Schlange und
schwarze Punkte auf
den Hintergrund.

Leimbilder
EIN STÜCK PAPPE

Bei dieser Idee zeichnest du mit Weißleim, der nach dem Trocknen eine erhöhte Linie hinterlässt. Die Linien bedeckst du mit goldener Acrylfarbe. Die „antike" Wirkung erzielst du am Schluss mit schwarzer Schuhcreme.

Du brauchst eine Flasche Weißleim mit einem Kanülenaufsatz.

Male zuerst auf Zeitungspapier.

1. Wenn der Kleber neu ist, schneide erstmal nur ein kleines Stück von der Spitze ab und teste, wie dick die Linie ist.

2. Wenn die gezeichnete Linie sehr dünn ist, kannst du etwas mehr von der Spitze der Flasche abschneiden.

3. Zeichne ein einfaches Bild auf die Pappe. Setze die Spitze dort an, wo du beginnen möchtest.

4. Ziehe die Linien auf deinem Bild nach. Drücke den Kleber dabei vorsichtig aus der Flasche.

5. Wenn du das Ende einer Linie erreichst, dann dreh die Flasche schnell um, damit sie nicht tropft.

6. Ergänze Wellenlinien, Spiralen und Punkte oder einen Rand auf deiner Zeichnung.

7. Lass das Bild über Nacht trocknen. Bemale es dann mit goldener Acrylfarbe. Lass die Farbe trocknen.

8. Gib etwas schwarze Schuhcreme auf ein weiches Tuch und reibe damit über das Bild – so sieht es „antik" aus.

Du kann die Pappe vor dem Verzieren auch in andere Formen schneiden.

Gestalte einen Rahmen für ein Bild oder Foto.

Druckmuster
BELIEBIGES PAPIER

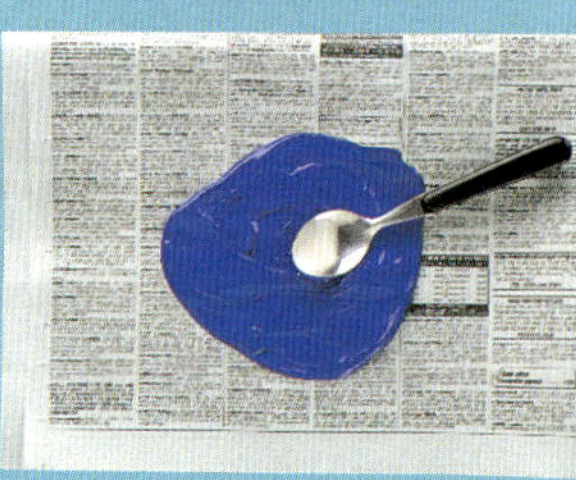

1. Zeichne eine einfache Form auf ein Stück Pappe. Schneide sie aus.

2. Drücke einen Klumpen Poster-Haftgummi als Griff an die Rückseite.

3. Verteile eine dicke Schicht Farbe auf Zeitungspapier. Nimm dazu einen Löffel.

4. Drücke die Form in die Farbe und drucke sie dann auf Papier.

Muster drucken

Experimentiere mit verschiedenen Mustern, z. B. Reihen.

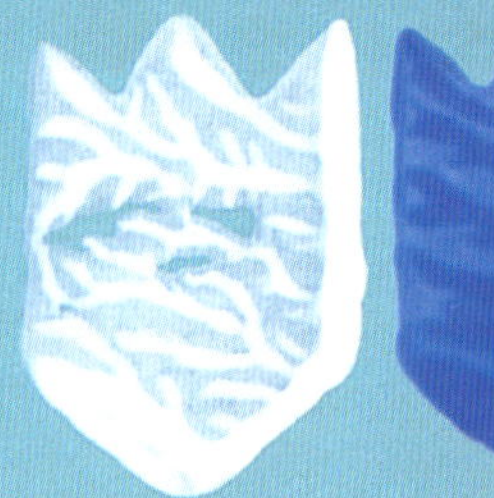

Drücke die Pappe vor jedem Druck erneut in die Farbe.

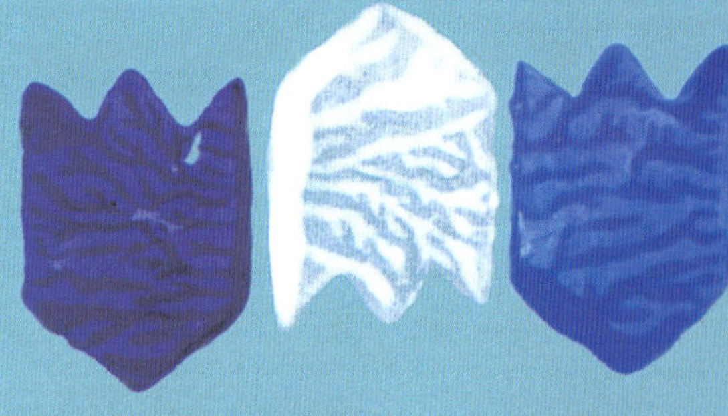

Zweifarbige Drucke

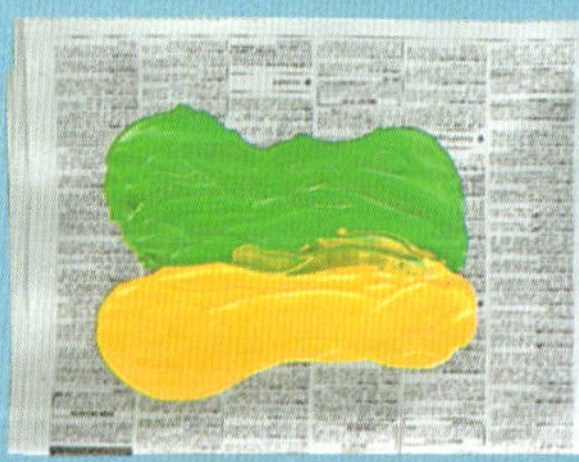

Schneide verschiedene Formen aus und drucke sie als Teil deines Musters auf.

Verteile zwei Farben nebeneinander auf Zeitungspapier.

Drücke die Form dort in die Farben, wo sie sich treffen.

Gerade Linien

Der entstehende Effekt hängt von der Dicke der Pappe ab.

dünne Pappe

dicke Pappe

Wellpappe

1. Schneide Pappen unterschiedlicher Dicke in schmale Streifen.

2. Tauche die Kante der Pappe in Farbe und drucke dann eine Linie.

Schneide eine Fischform aus und drucke sie auf. Füge mit der Kante von kleinen Pappstreifen Details hinzu.

Gekrümmte Linien

Tauche die Kante eines Pappstücks in Farbe. Biege es beim Drucken.

Drucke mehrere gekrümmte Linien so, dass sie sich in der Mitte berühren.

Schlaufenmuster: Biege eine dünne Pappe und fixiere sie mit Klebeband.

Weitere Druckmuster

Drehe dieses Ende.

1. Tauche die Kante eines Pappstücks in etwas Farbe, um einen Fächer zu erhalten.

2. Drehe beim Drucken das obere Ende der Pappe. Die untere Ecke bleibt an der selben Stelle.

Aus mehreren Fächerformen kannst du eine Blume zaubern.

Experimentiere mit vielen verschiedenen Mustern und Formen.

Verwende die Kante der Pappe für einen Stängel. Drucke ein kleines Dreieck für Blüten.

Lass für
eine Blume,
wie oben
abgebildet,
drei Drucke
überlappen.

Tauche für eine
Blume wie diese
eine Pappschlaufe in
zwei Farben (siehe
Seite 18 und 19).

Plakatfarben

DICKES PAPIER

Plakatfarben leuchten toll. Sie können mit Wasser verdünnt werden und sind leicht aufzutragen. Am besten eignen sie sich für einfache Formen.

Plakatfarben können direkt aus der Flasche oder dem Glas verwendet oder auf einer Palette vermischt werden. Das Bild auf der gegenüberliegenden Seite enthält einige Mischfarben.

Diese Farbsorte verwendet man am besten auf dickem Zeichenpapier, da sich dünneres Papier wellt.

Plakatfarben sind in kleinen Gläsern oder großen Flaschen erhältlich.

Auf dem Bild unten wurden mit Filzstift Umrisse hinzugefügt, als die Farbe trocken war.

Gummibanddrucke

DICKE PAPPE

1. Zeichne mit Kugel-schreiber eine einfache Figur auf ein Stück dicke Pappe.

2. Bestreiche die Pappe mit Weißleim. Wasche den Pinsel hinterher aus.

3. Schneide Haupt-umrisse aus dickem Gummiband aus. Drücke sie fest auf.

4. Klebe für Gesicht und Haare Stücke aus schmalerem Gummiband auf.

5. Schneide aus einem dicken Gummiband Quadrate aus. Drücke sie auf den Hintergrund.

6. Wenn der Kleber trocken ist, pinsle etwas Plakatfarbe auf ein Schwammtuch.

7. Lege die Pappe mit der Bildseite nach unten in die Farbe. Drücke sie an.

8. Lege die bemalte Pappe auf eine Zeitung. Drücke sie an und hebe sie dann wieder ab.

9. Fertige vor einem „richtigen" Druck mehrere solcher Übungsdrucke an.

Du kannst mit verschiedenfarbigem Papier experimentieren.

Drucke auf Seidenpapier

Farbintensives Seidenpapier eignet sich hierfür besonders gut. Folge den Schritten unten.

verschiedene Farben auf Seidenpapier gedruckt

1. Für einen Druck auf Seidenpapier drücke die Pappe zuerst in etwas Farbe.

2. Lege die bemalte Pappe vorsichtig mit dem Bild nach oben auf Zeitungen.

3. Lege eine Doppel-schicht Seidenpapier darauf und drücke sie an. Ziehe sie vorsichtig ab.

Bemale die Gummibänder mit verschiedenen Farben.

Nimm für eine Blume wie diese dicke und dünne Gummibänder.

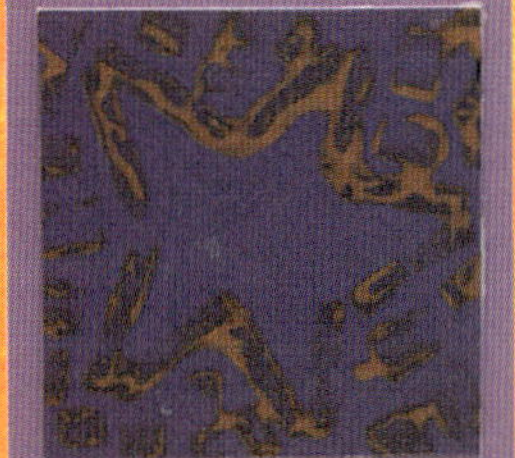

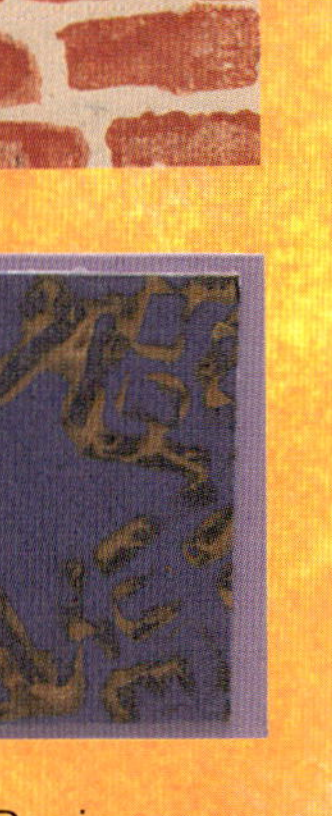

goldene Acrylfarbe auf dunkellila Papier

Hand- und Pappdrucke

BELIEBIGES HELLES PAPIER

Eine größere Version der auf diesen zwei Seiten gezeigten Drucke findest du auf Seite 28.

Arbeite neben einem Waschbecken und halte Papiertücher zum Händeabwischen bereit.

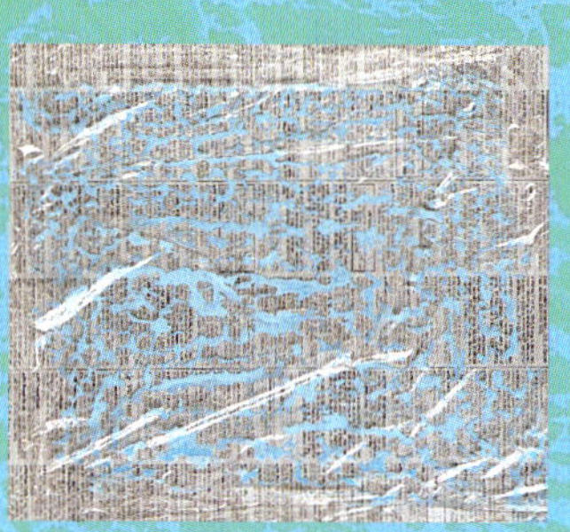

1. Bestreiche Frischhaltefolie mit blauer Farbe. Das wird der Hintergrund deines Bildes.

2. Drücke ein Blatt Papier auf die Folie. Zieh es anschließend ab und lass es trocknen.

3. Seepferdchen: Gib zwei Farbtöne Plakatfarbe auf mehrere Schichten Zeitungspapier.

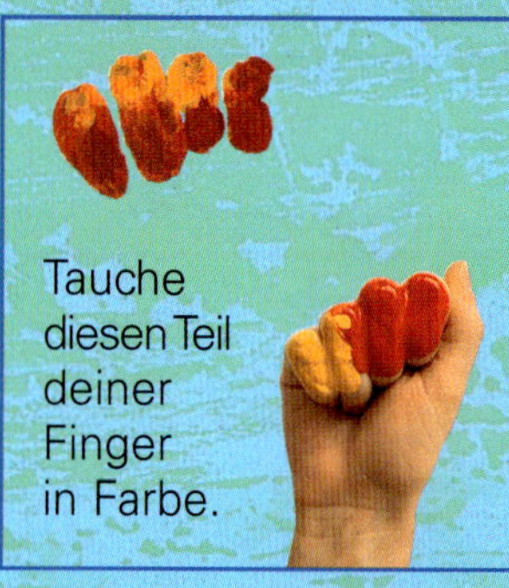

4. Drücke für den Kopf den oberen Teil deiner Finger in die Farbe. Drucke sie auf das Papier.

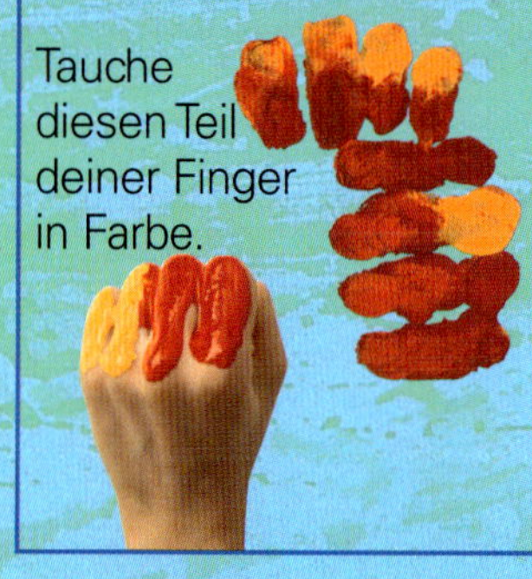

5. Drücke deine Fingerknöchel in die Farbe. Drehe die Hand zur Seite und drucke einen Körper.

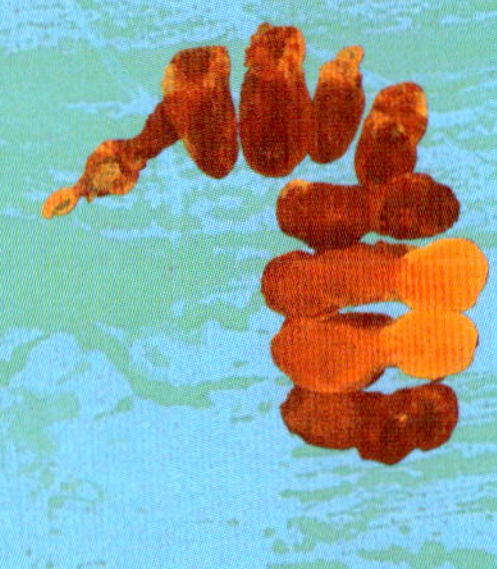

6. Drücke deinen kleinen Finger bis zum Knöchel in die Farbe. Drucke eine lange Schnauze damit.

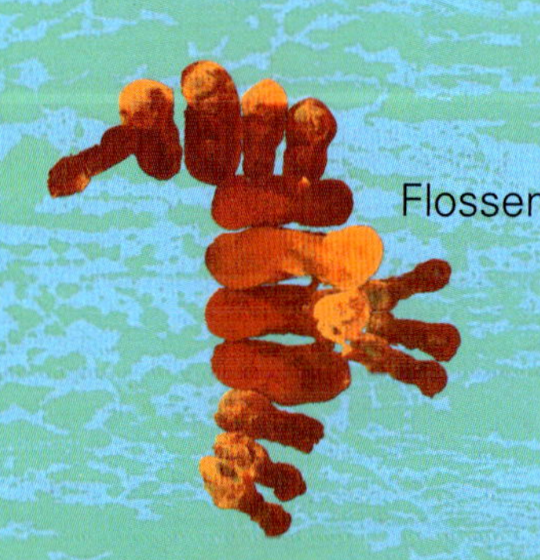

7. Drucke mit demselben Finger drei Flossen und drei weitere Drucke unter den Körper.

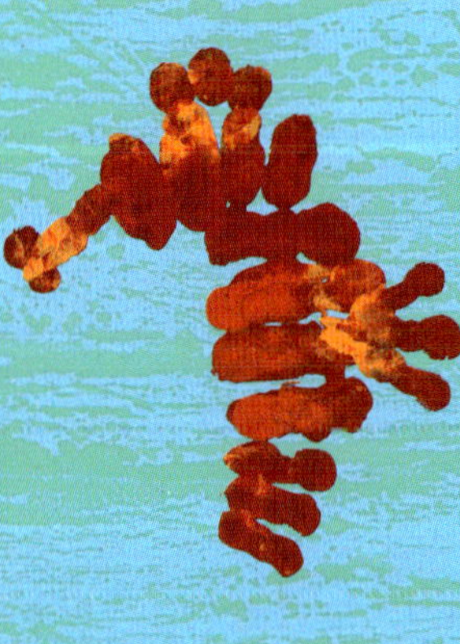

8. Füge mit der Fingerspitze Punkte an der Schnauze und entlang des Kopfes hinzu.

9. Drucke das Ende des Schwanzes mit der Fingerspitze. Drucke ihn in einer Kurve.

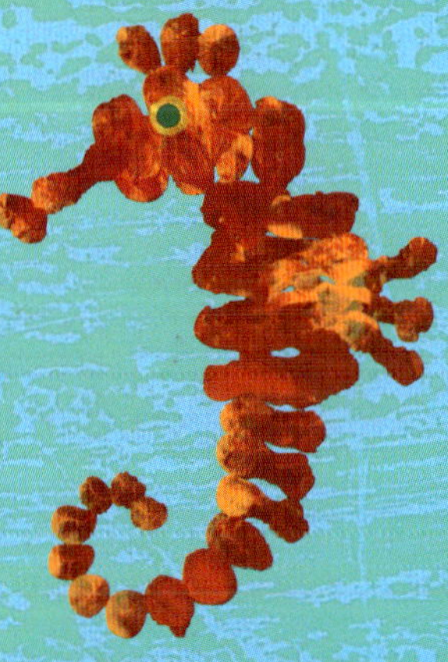

10. Drucke nach dem Trocknen mit der Fingerspitze ein Auge in einer anderen Farbe auf.

Krabben

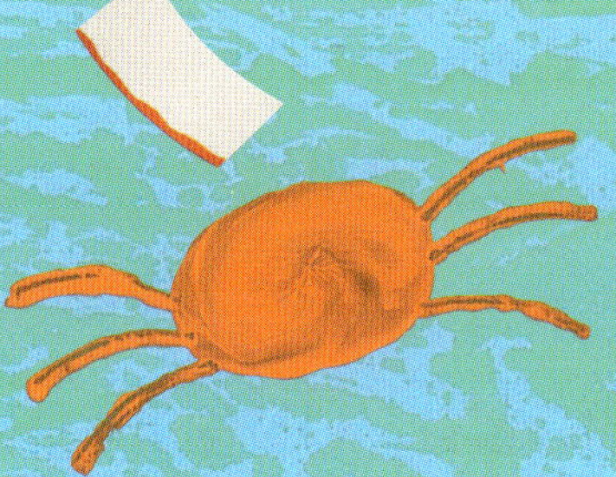
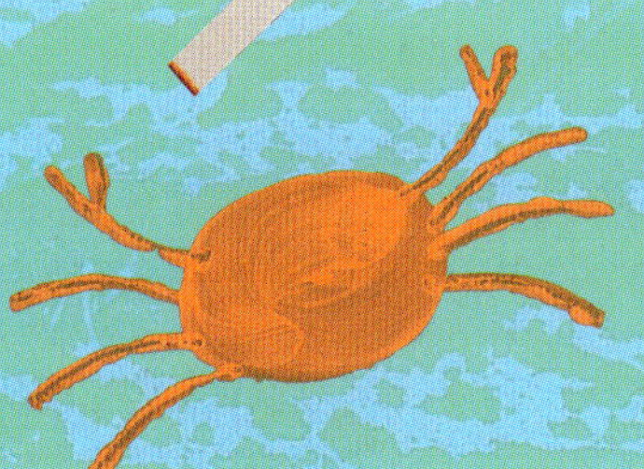

1. Drucke mit dem Daumen den Krabbenkörper. Schneide ein Stück dünne Pappe aus.

2. Tauche die Kante der Pappe in die Farbe und drucke damit Beine. Biege sie beim Drucken.

3. Drucke mit einem kleinen Stück Pappe V-förmige Scheren an die Vorderbeine und Stiele für die Augen.

4. Drucke Augen mit der Fingerspitze. Füge nach dem Trocknen die Pupillen hinzu.

Fächer-Fisch

1. Tauche die Kante eines dünnen Pappstücks in zwei oder drei zueinander passende Farben.

2. Drücke es auf Papier und drehe ein Ende für eine Fächerform. Drehe das Papier um.

3. Drucke einen zweiten Fächer für den Körper und einen schmaleren für den Schwanz.

4. Drucke die Flossen mit Pappe und nach dem Trocknen das Auge mit der Fingerspitze.

Kleiner Regenbogenfisch

1. Drücke den dicken Teil deines Daumens nacheinander in verschiedene Farben. Drucke ihn auf.

2. Füge mit der Fingerspitze einen Schwanz hinzu. Drucke das Auge mit dem Ende eines alten Bleistifts.

PLAKATFARBEN
Die Anleitungen für diese Drucke findest du
auf Seite 26-27.

Schablonen-Spritztechnik

EIN FARBIGES UND EIN WEISSES BLATT DICKES PAPIER IN DERSELBEN GRÖSSE

1. Lege das farbige Papier zur Seite. Zeichne auf dem weißen Papier einen Umriss und schneide ihn aus.

2. Breite draußen Zeitungspapier als Unterlage aus. Lege zum Beschweren Steine auf die Ränder.

3. Lege das farbige Papier auf die Zeitungen und die Schablone darauf. Beschwere sie.

4. Gieße Plakatfarbe in einen Joghurtbecher. Mische sie dann nach Wunsch und verdünne sie mit Wasser.

5. Tauche eine Zahnbürste in die Farbe. Spritze, indem du ein Lineal über die Borsten <u>zu dir hinziehst.</u>

6. Spritze so lange Farbe über die Kante der Schablone auf das Blatt, bis die Spritzer ziemlich dicht sind.

7. Entferne nun vorsichtig die Schablone von deinem Bild und lass die Farbe vollständig trocknen.

8. Füge mit Pastellkreiden Details und Schraffuren hinzu, wie z. B. Fenster und eine Wasserspiegelung.

Ziehdrucke mit Pappe

DICKE PAPPE UND DICKES ZEICHENPAPIER

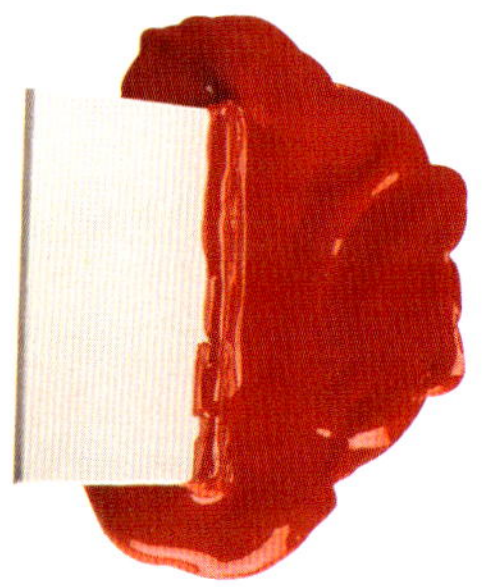

1. Gib Farbe auf einen Teller. Tauche die Kante eines Pappstücks hinein.

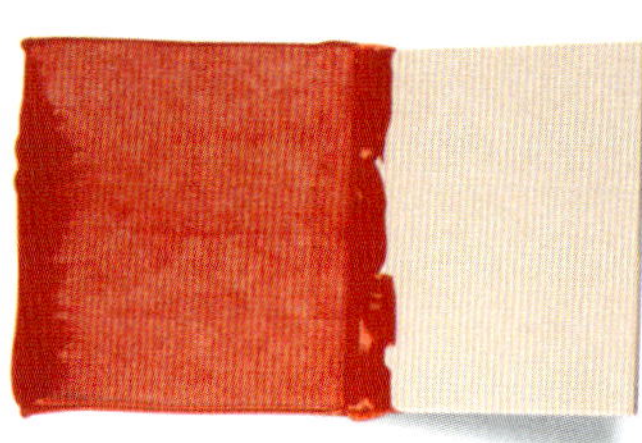

2. Setze das farbige Ende auf dein Papier und ziehe es gleichmäßig seitwärts.

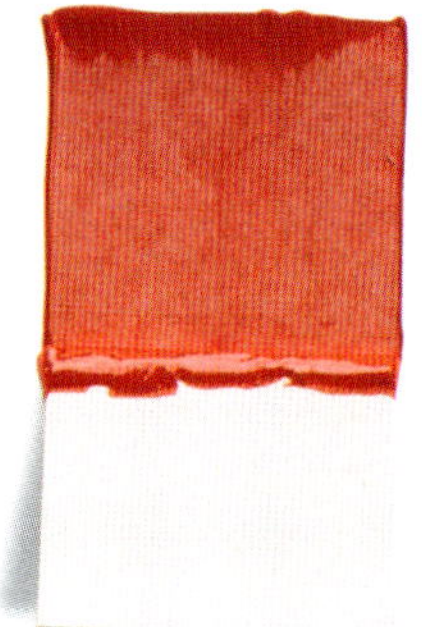

3. Tauche die Kante erneut in die Farbe und ziehe sie dann zu dir hin.

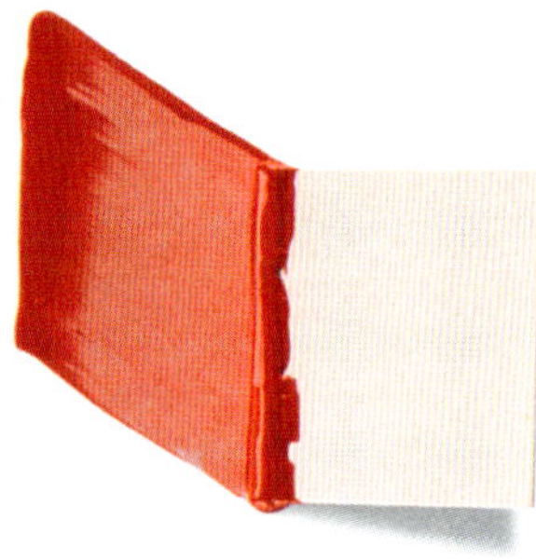

4. Ziehe die Pappe diagonal zur Seite, um eine Rautenform zu erhalten.

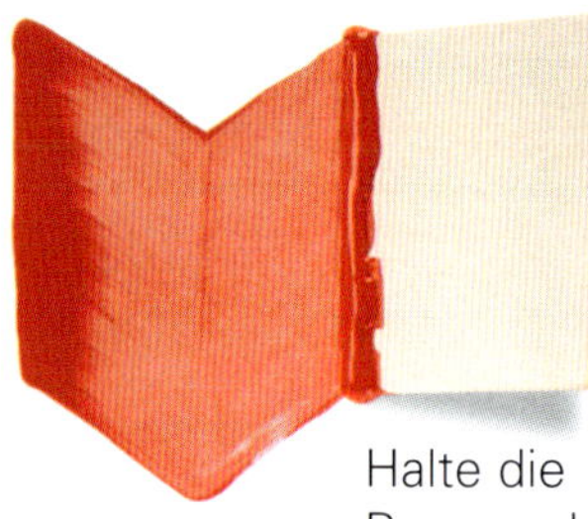

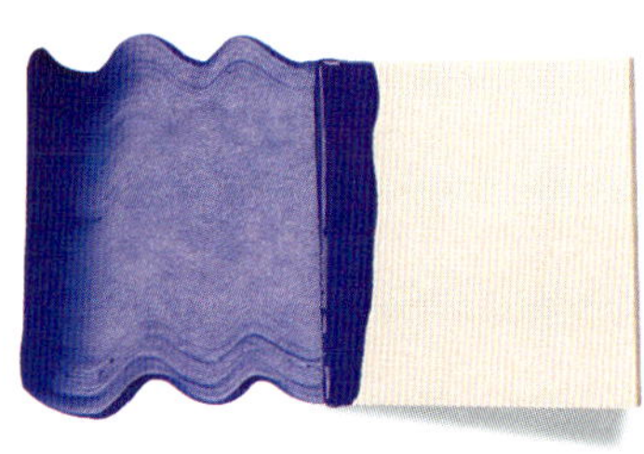

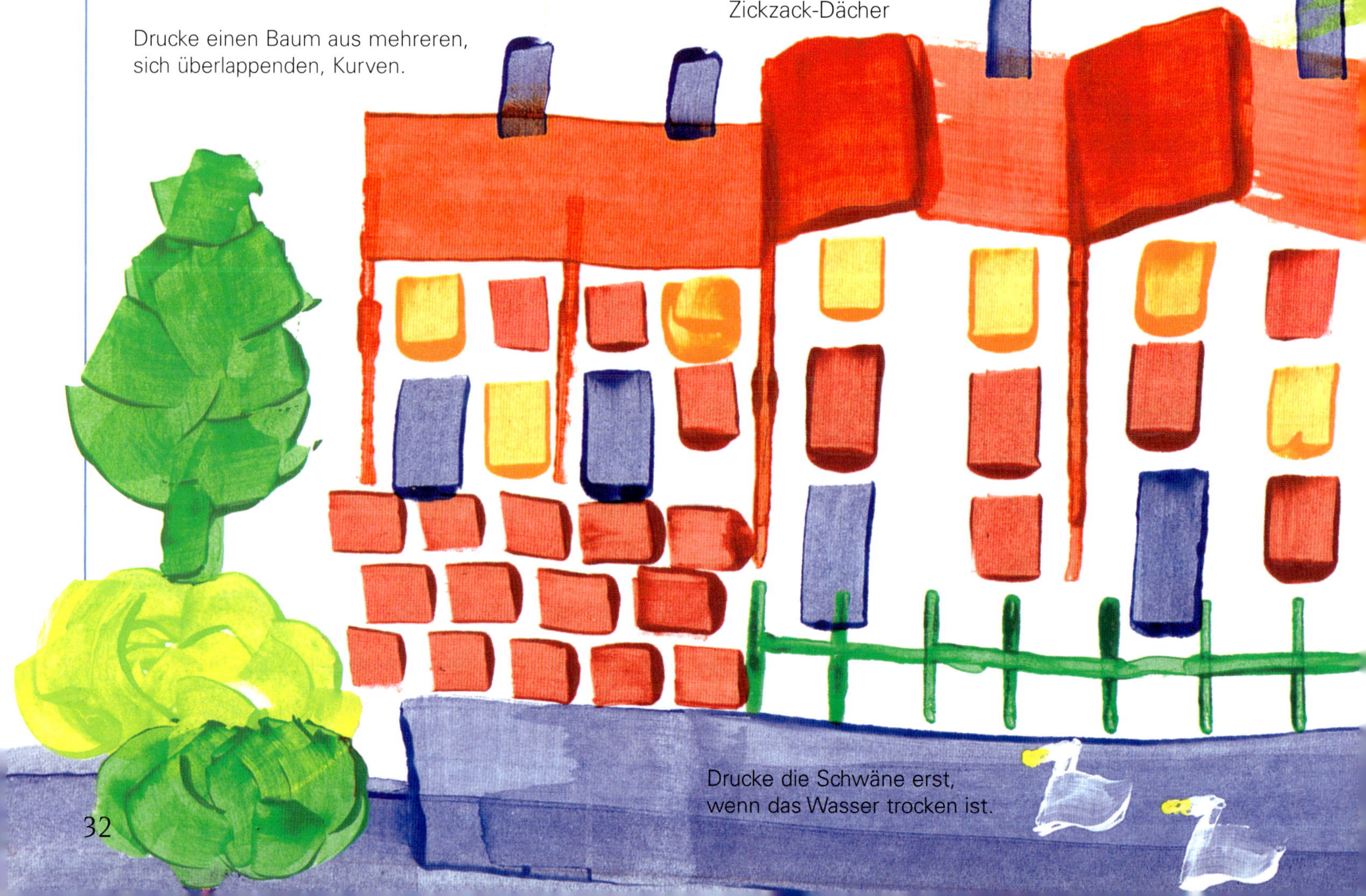

Nimm für jede Farbe ein neues Stück Pappe.

Halte die Pappe schräg.

5. Ziehe die Kante für einen Zickzack-Effekt diagonal auf- und abwärts.

6. Ziehe die Kante für eine Wellenlinie in einer welligen Bewegung seitwärts.

Zickzack-Dächer
Drucke einen Baum aus mehreren, sich überlappenden, Kurven.
Drucke die Schwäne erst, wenn das Wasser trocken ist.

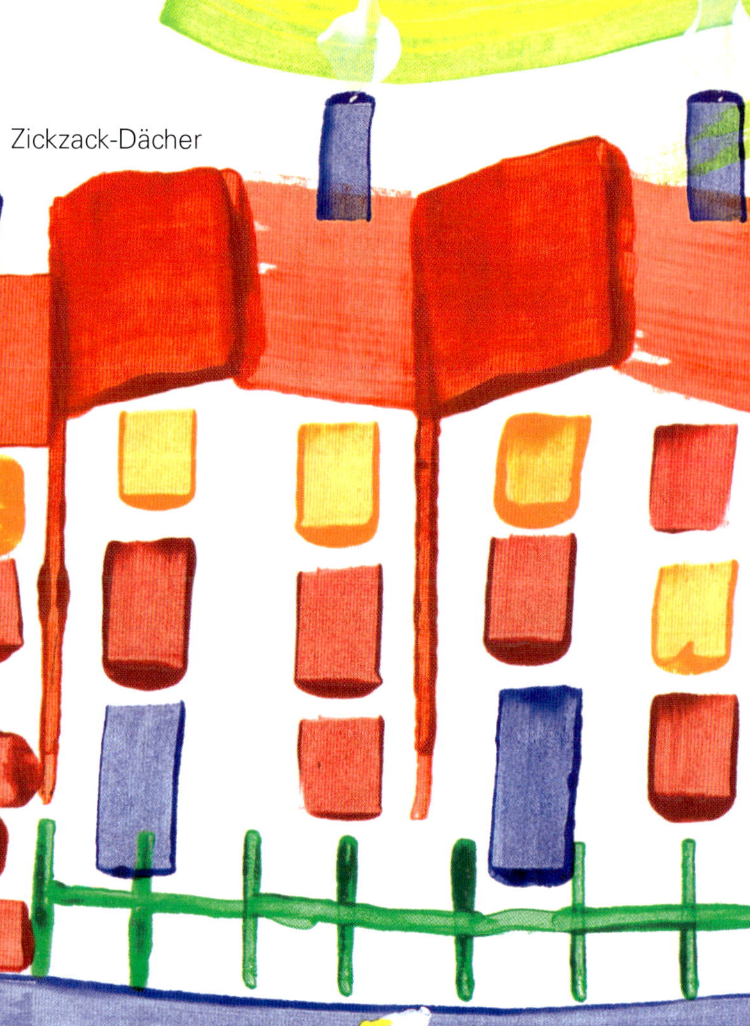

Schwäne und Enten

Ziegelsteine

1. Tauche die Kante
eines Pappstücks in
Farbe und drucke
eine Linie.

2. Setze die Kante
weiter unten an
und ziehe damit
eine Wellenlinie.

3. Male den Kopf
und den Schnabel
mit der Ecke eines
Pappstücks.

Drucke mit einer
schmalen Pappe
Ziegelsteine in
Dunkelrot.

So machst du Hügel: Drucke lange
wellige Linien mit einem breiten
Pappstück. Lass sie überlappen.

33

Seidenpapierbild

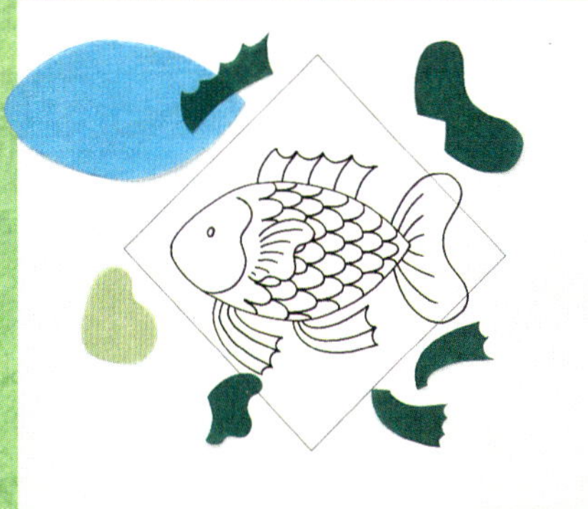

1. Zeichne mit dickem schwarzem Filzstift einen plakativen Fisch auf weißes Papier.

2. Pause die wichtigsten Umrisse des Fisches auf verschiedenfarbige Seidenpapiere und schneide sie aus.

3. Schneide aus einer durchsichtigen Plastiktüte ein Stück als Folie aus, das größer als deine Zeichnung ist.

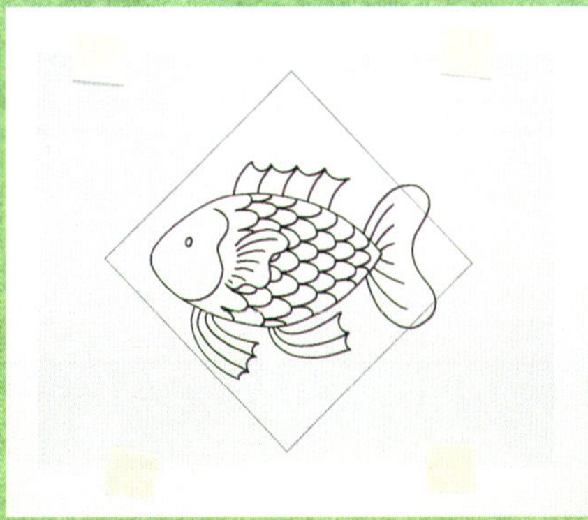

4. Lege die Folie vorsichtig über deine Zeichnung. Befestige die Ränder mit Klebeband.

5. Bestreiche die Seidenpapierformen mit Weißleim. Klebe sie auf der Folie an die richtige Stelle.

6. Schneide oder reiße Seidenpapierstreifen für den Hintergrund zurecht. Klebe sie um den Fisch herum.

7. Klebe ein Stück hellblaues Seidenpapier über das gesamte Bild und lass es trocknen.

8. Wenn der Kleber ganz trocken ist, ziehe das Seidenpapier vorsichtig von der Folie ab.

9. Lege das Seidenpapier über deine Zeichnung. Ziehe die Umrisse mit schwarzer Farbe nach.

Dein Bild kommt
noch besser zur
Geltung, wenn du
einen Rahmen
ausschneidest
und ihn
daraufklebst.

Diese Bilder
wirken besonders
gut, wenn
du sie ins
Fenster hängst.

Farbwissen

Welche Farben passen gut zusammen? Warum stechen einem manche Farben in einem Bild ins Auge, während andere eher weniger auffallen? Diese Seiten zeigen, wie unterschiedliche Farbkombinationen die Wirkung eines Bildes verändern.

Primärfarben

Nur drei Farben können nicht durch Mischen anderer Farben hergestellt werden: Rot, Gelb und Blau. Man nennt sie Primärfarben.

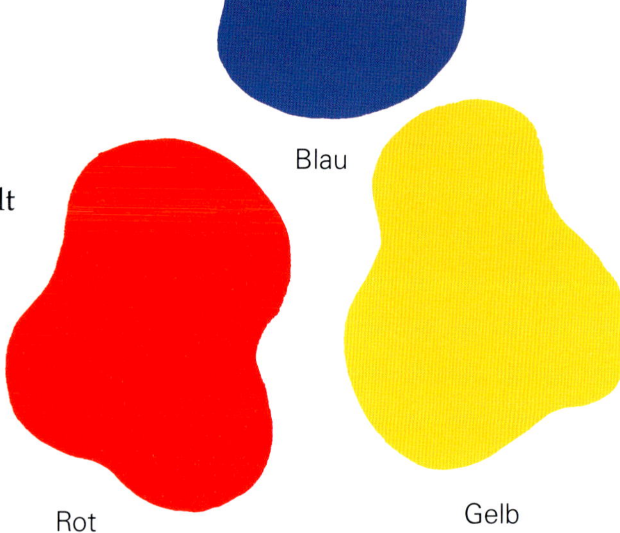

Sekundärfarben

Wenn du eine Primärfarbe jeweils mit einer anderen mischst, erhältst du Orange, Grün und Lila. Diese nennt man Sekundärfarben.

Weitere Farben

Du erhältst weitere Farben, indem du eine Primär- mit einer Sekundärfarbe mischst. Diese Mischungen siehst du im äußeren Ring des Farbkreises.

Wenn du Gelb mit Orange mischst, erhältst du eine Farbe dazwischen.

Blau gemischt mit Grün ergibt ein Blaugrün.

Rot und Orange ergibt ein Orangerot.

Die Sekundärfarben befinden sich im mittleren Ring des Farbkreises.

Die Primärfarben sind im Zentrum des Farbkreises.

Harmonierende Farben

Harmonierende Farben sind diejenigen, die auf dem äußeren Ring des Farbkreises nahe beieinander liegen, wie z. B. Blau, Hellblau, Grün und Hellgrün.

drei Beispiele für harmonierende Farben

Komplementärfarben

Farben, die sich im Farbkreis gegenüberliegen, nennt man Komplementärfarben. Sie erzeugen den stärksten Kontrast, wenn sie nebeneinander gemalt werden.

Wenn du Komplementärfarben nebeneinander malst, „beißen" sie sich, und deine Augen flimmern.

Warme und kalte Farben

Manche Farben erzeugen ein Gefühl von Wärme oder Kälte und heißen tatsächlich „warme" oder „kalte" Farben. Warme Farben wirken heller und stechen in einem Bild mehr hervor als kalte Farben.

kalte Farben   warme Farben

Die kalten Farben in diesem Bild verleihen ihm eine kalte, eisige Wirkung.

Hell und Dunkel

Farben können hell oder dunkel sein. Du kannst ungewöhnliche Bilder gestalten, indem du nur mit verschiedenen Helligkeitsstufen einer Farbe malst oder die Helligkeit in einem Bild veränderst.

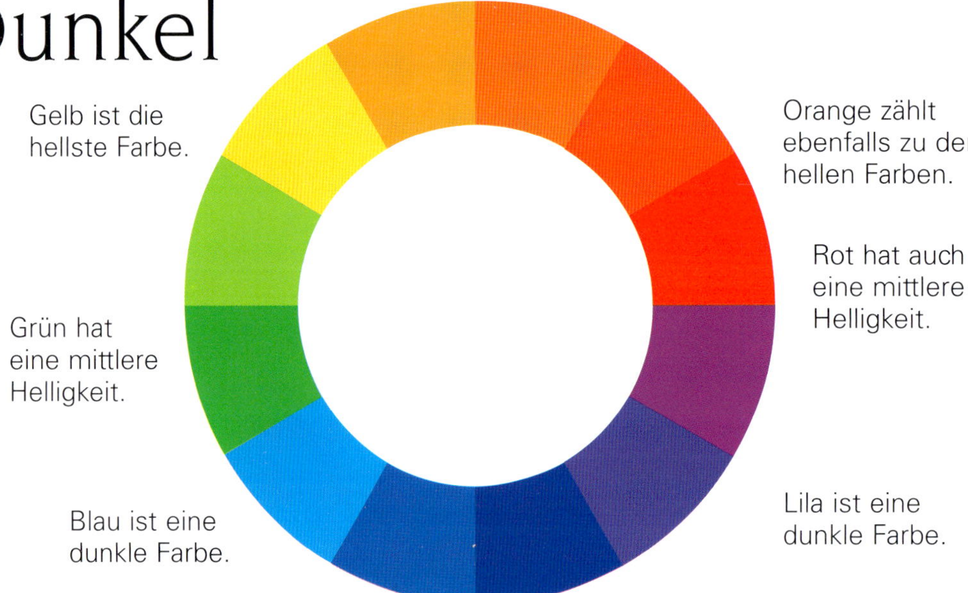

Dieser Kreis zeigt die Töne verschiedener Farben.

Mit Helligkeit experimentieren

Versuche, viele verschiedene Stufen einer Farbe zu mischen. Beginne stets mit der hellsten Farbe und gehe schrittweise ins Dunkle. Nimm am besten Acryl- oder Plakatfarben.

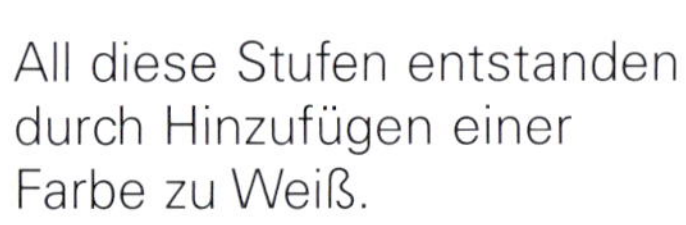

All diese Stufen entstanden durch Hinzufügen einer Farbe zu Weiß.

Beginne mit Weiß. Füge eine winzige Menge Farbe hinzu.

Füge immer mehr Farbe hinzu, bis du einen dunklen Ton erhältst.

Wie Hell und Dunkel wirken

Die Helligkeitsstufen in einem Bild können die Wirkung oder Stimmung verändern. Helle Farben erzielen einen weichen Pastelleffekt, während dunkle Farben einem Bild mehr Ausdruck verleihen.

Vergleiche das Bild oben, das nur mit hellen Farben gemalt wurde, mit dem unteren, das in dunkleren Farben gehalten ist.

Hell-Dunkel-Kontrast

Auch wenn Farben sehr unterschiedlich aussehen, kann der Hell-Dunkel-Kontrast gering sein. Am besten erkennt man dies auf einem Schwarz-Weiß-Bild.

Vergleiche die Helligkeitsstufen zwischen dem Farb- und dem Schwarz-Weiß-Foto. Das rote Papier und die blauen Quadrate sind beispielsweise ähnlich hell.

Die Blumen sind am hellsten. Die lila Quadrate auf dem Tisch sind am dunkelsten.

In diesem Schwarz-Weiß-Foto kann man leichter erkennen, welche Farben ähnlich hell sind.

Helligkeit umkehren

Du kannst überraschende Effekte erzielen, wenn du die Helligkeit der Farben durch Mischen umkehrst, so dass Gelb am dunkelsten und Blau am hellsten ist.

Elemente, die im ersten Bild dunkel waren, sind im zweiten Bild hell und umgedreht.

Tuschen

Tuschen sind ideal zum Malen
von leuchtenden, lebhaften Bildern.
Trage sie mit einem Pinsel, Zeichen-
federhalter oder Patronenfüller auf.
Sie eignen sich auch für verschiedene
Techniken mit Wachsstiften (siehe
Seite 76) und Ölkreiden.

Verwende Tusche direkt
aus dem Fässchen oder
Patronenfüller oder
mische sie mit Wasser.

unverdünnte
Tusche

verdünnte
Tusche

Dort, wo du mit
Ölkreide oder
Wachsstiften gemalt
hast, haftet die
Tusche nicht.

Tuschekleckse

Befeuchte ein Blatt Aquarellpapier und tropfe Tuschekleckse
darauf. Zeichne nach dem
Trocknen mit einem Filzstift
oder Federhalter darüber.

Mache Kleckse
eng nebeneinander.
Lass die Farben
ineinander verlaufen.

Streifen

Die Farben verändern sich,
wo sie sich überlappen.

1. Male auf trockenem
Papier Streifen in
verschiedenen Farben
und Breiten.

2. Pinsle Längs-
streifen darüber,
nachdem die Tusche
getrocknet ist.

Gespenstische Bäume

1. Male mit Aquarell-farben eine Lavur (siehe Seite 48). Lass sie trocknen.

2. Zeichne eine Linie aus schwarzer Tusche. Blase sie mit einem Strohhalm zu Formen.

Kratztechnik

1. Zeichne mit Blei-stift ein beliebiges grobes Muster auf ein Blatt Papier.

2. Zeichne eine zweite Linie neben die erste – dadurch entsteht eine Doppellinie.

3. Fülle die Formen mit Ölkreiden aus. Male dabei nicht auf die Doppellinie.

4. Pinsle schwarze Zeichentusche über das Papier. Lass es trocknen.

Kratze die Muster mit dem Ende eines Schraubenziehers.

5. Kratze ein Muster in die bemalten Flächen, um die Farbe darunter freizulegen.

6. Kratze weiter verschiedene Muster in alle Formen.

Achtung!

Tusche hinterlässt Flecken auf der Kleidung. Trage also immer eine Schürze. Wasche hinterher auch deinen Pinsel oder Zeichenfederhalter.

Mit Tusche malen

BELIEBIGES DICKES WEISSES PAPIER

Für die hier gezeigten Bilder eignen sich am besten spitz zulaufende Pinsel mit weichen Borsten. Chinesische oder japanische Kalligrafiepinsel sind ideal für solche Techniken.

Tusche verdünnen

Für die Motive auf diesen Seiten brauchst du drei Verdünnungsgrade einer Farbe. Nimm Tusche aus einem Fässchen oder schneide das Ende einer Patrone ab.

Nimm einen weichen, spitzen Pinsel.

Wässrige Tusche: Gib einige Tropfen Tusche in ein kleines Gefäß Wasser.

Mittlere Tusche: Mische in einem zweiten Gefäß weniger Wasser mit mehr Tropfen Tusche.

Unverdünnte Tusche: Verwende sie direkt aus dem Fässchen oder drücke sie aus einer Patrone in ein Gefäß.

Bambus

Übe auf Schmierpapier, bevor du ein großes Bild malst.

Male mit den Borstenseiten.

Sie sollten gleich hell sein.

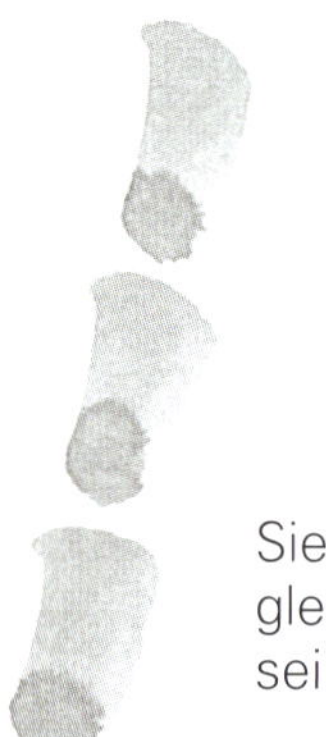

Beginne mit der Pinselspitze und verstärke dann den Druck.

1. Tauche den Pinsel in die wässrige Tusche. Tupfe ihn auf einem Papiertuch ab. Male einen Stängelabschnitt.

2. Male zwei weitere Abschnitte über dem ersten. Lass jeweils kleine Zwischenräume.

3. Verwende die mittlere Tusche und die Pinselspitze, um Äste an den Stängel zu malen.

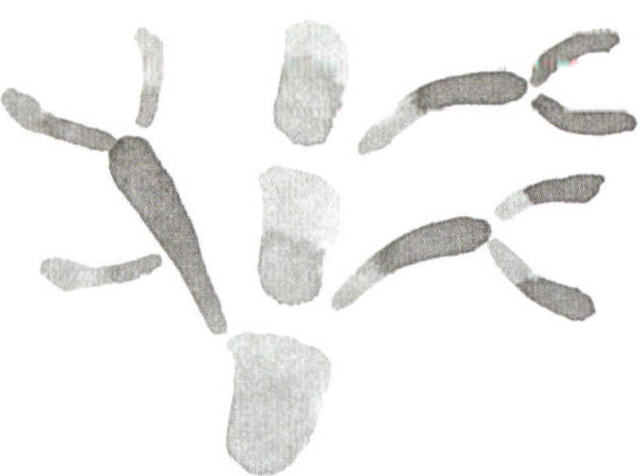

Nimm unverdünnte Tusche.

Drücke leicht auf.

4. Male viele Zweige an die Äste. Lass dabei kleine Zwischenräume zwischen den Zweigen.

5. Drücke leicht auf die Pinselspitze, dann etwas fester und dann wieder leicht, um Blätter zu malen.

6. Male mit der Pinselspitze und unverdünnter Tusche Gras und kräftige Linien als Stängelverdickungen.

Vogel

Beginne jede Linie mit der Spitze. Drücke dann fester auf und dann wieder leichter.

1. Male mit der Pinselspitze und unverdünnter Tusche den Schnabel. Füge Hals und Körper hinzu.

Male die Federn verschieden lang.

2. Male den Kopf, ein Auge und eine Linie als Vogelrücken. Füge einen Ast unter dem Körper hinzu.

3. Den Schwanz malst du vom Körper aus mit mehreren Linien.

Buntes Tuschebild

AQUARELL- ODER ZEICHENPAPIER

Alle Bilder auf diesen Seiten wurden mit drei Verdünnungsgraden einer Tusche gemalt. Du malst die Grundformen und fügst dann Details mit einem sehr feinen Pinsel oder Zeichenfederhalter hinzu. Folge zum Verdünnen der Tusche zuerst den Schritten auf Seite 42.

Insekten

1. Male mit der mittleren Tusche einen Körper und mit der wässrigen Flügel.

2. Füge mit unverdünnter Tusche Kopf, Augen, Fühler und Beine hinzu.

Fisch

1. Male mit der wässrigen Tusche eine einfache Fischform.

2. Füge mit der mittleren Tusche Kopf, Kiemen und Bauch hinzu.

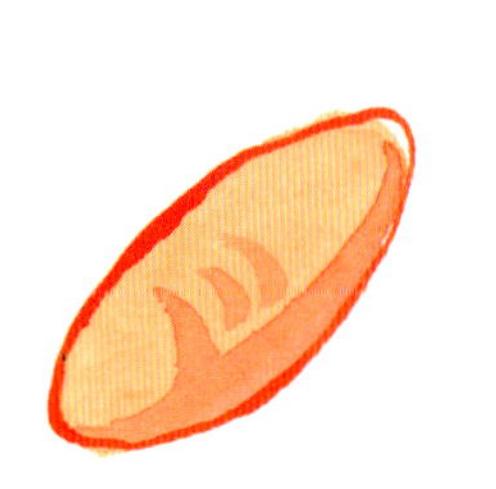

3. Male mit einem Zeichenfederhalter und unverdünnter Tusche einen Umriss.

4. Zeichne mit der unverdünnten Tusche Auge, Mund, Flossen und Schwanz.

Male ein Seerosenblatt mit unterschiedlich verdünnter Tusche.

Der Hintergrund ist
eine Aquarelllavur
(siehe Seite 48). Lass
sie trocknen, bevor du
die Tiere hinzufügst.

Male mit
der Spitze
eines dünnen
Pinsels Schilf.

Frosch

1. Male mit der
wässrigen Tusche
eine Form für den
Körper.

2. Male mit der
Pinselspitze und
der mittleren Tusche
einen dunklen Streifen
entlang der Form.

3. Füge mit der
mittleren Tusche
Flecken hinzu, bevor
der Körper trocknet.

4. Zeichne mit un-
verdünnter Tusche
einen Umriss, ein
Auge und ein Bein.

Aquarellfarben

Aquarellfarben kannst du wunderbar ineinander
verlaufen lassen. Sie eignen sich daher besonders
gut zum Malen von Himmel und Wasser.

Farben

Aquarellfarben werden in Tuben oder in
kleinen Näpfen verkauft. Die Näpfe sind
etwas praktischer und sparsamer.

Aquarellpapier

Aquarellpapier gibt es
in verschiedener Dicke
und Oberflächenstruktur.
Du kannst es in Kunstläden
in Blöcken, Spiralblöcken
oder einzelnen Bogen kaufen.

Die Dicke des Papiers
wird durch sein Gewicht
angegeben. Am besten ist
ein Gewicht von 190 g oder
höher. Es kräuselt sich beim
Malen nicht so sehr.

Die Blätter in Aquarellblöcken
sind am Rand festgeklebt.
Schiebe ein stumpfes Messer
in die Lücke und trenne
das Papier behutsam vom
Block ab.

Aquarellfarben mischen

Wenn du Aquarell-
farben in Tuben hast,
mische sie genauso
wie Acrylfarben. Die
Beschreibung findest du
auf Seite 10. Diese Schritte
zeigen dir, wie man Farbe
aus Näpfen mischt.

1. Tauche deinen Pinsel in
Wasser und tupfe ihn auf ein
Papiertuch. Es soll kein
Wasser daraus tropfen.

2. Bewege den Pinsel so lange
in einer Farbe im Kreis, bis
die Borsten gut mit Farbe
bedeckt sind.

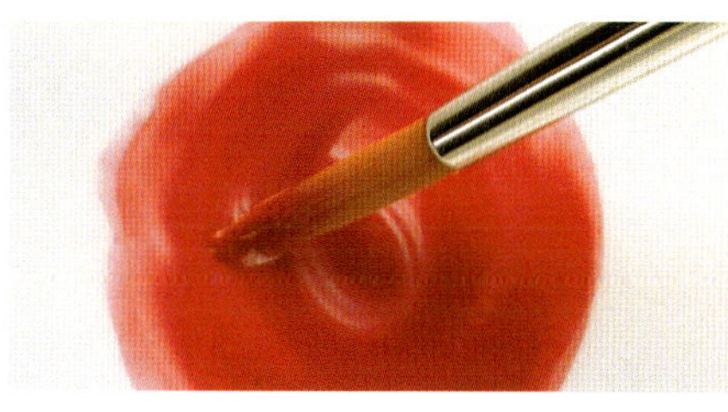

3. Tupfe die Farbe auf eine
Palette. Wiederhole die
Schritte, bis du einen großen
Farbfleck hast.

4. Wasche den Pinsel
aus. Tupfe ihn auf einem
Papiertuch ab. Tauche ihn in
die einzumischende Farbe.

5. Mische diese Farbe mit
der ersten Farbe so lange
auf der Palette, bis du die
gewünschte Farbe hast.

Aquarellfarben sehen dunkler aus,
wenn sie nass sind. Nach dem
Trocknen werden sie heller.

Mit Aquarellfarben experimentieren

AQUARELLPAPIER

Aquarellfarben können auf vielerlei Weisen verwendet werden. Probiere diese Techniken auf altem Aquarellpapier aus.

Eine Lavur malen

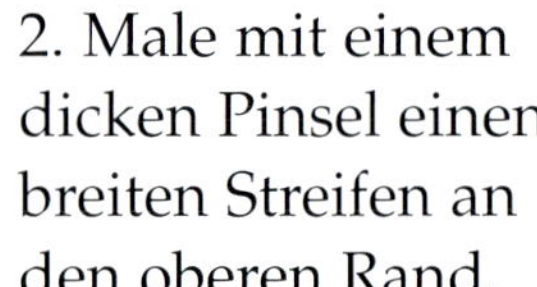

Lass die Streifen leicht überlappen.

1. Mische in einem Behälter so viel Farbe, dass sie für das ganze Blatt reicht.

2. Male mit einem dicken Pinsel einen breiten Streifen an den oberen Rand.

3. Male einen weiteren Streifen unter den ersten, bevor er trocken ist.

4. Füge weitere Streifen darunter hinzu, bis das Papier ganz bedeckt ist.

Farbe abtupfen

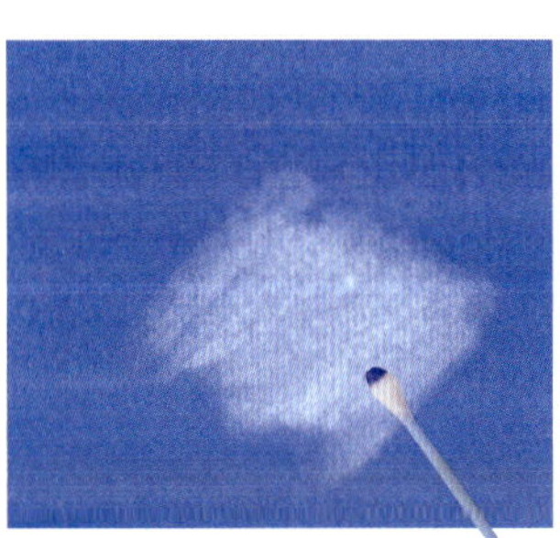
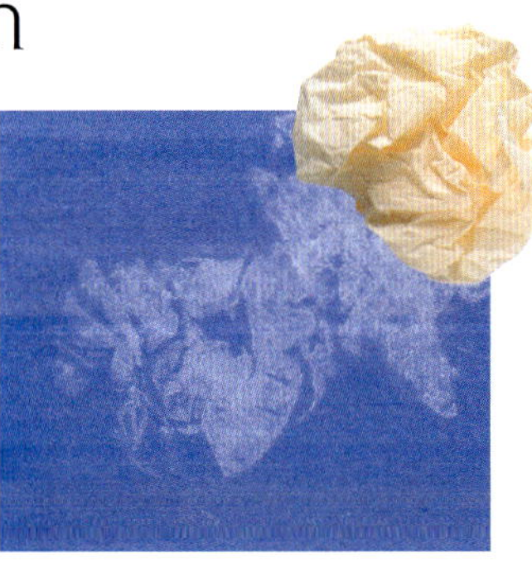
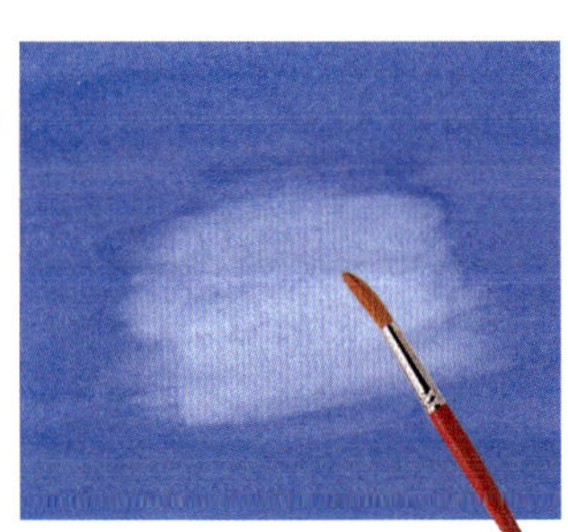
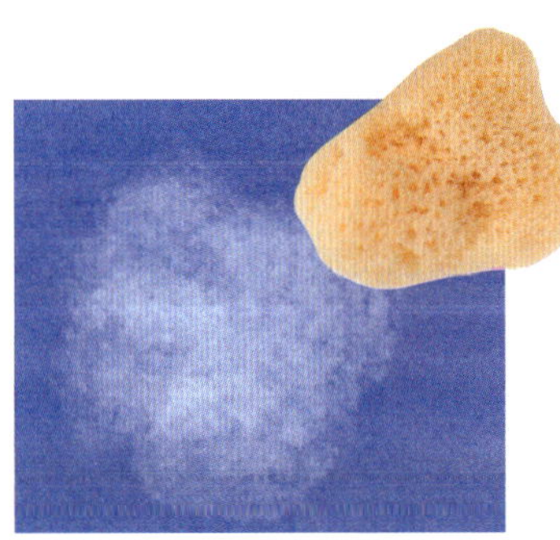

Reibe mit einem Wattestäbchen etwas Farbe von der Lavur ab, bevor sie trocknet.

Tupfe etwas Farbe mit einem zusammengeknüllten Papiertuch ab. Dies erzeugt einen anderen Effekt.

Du kannst auch einen sauberen Pinsel verwenden. Trockne ihn zuerst auf einem Papiertuch.

Tupfe einen sauberen Schwamm auf die Farbfläche. Damit erhältst du einen Struktureffekt.

Effekte mit feuchtem Papier

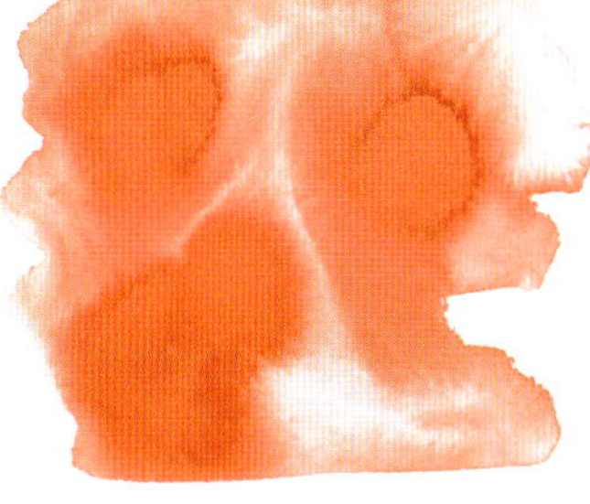  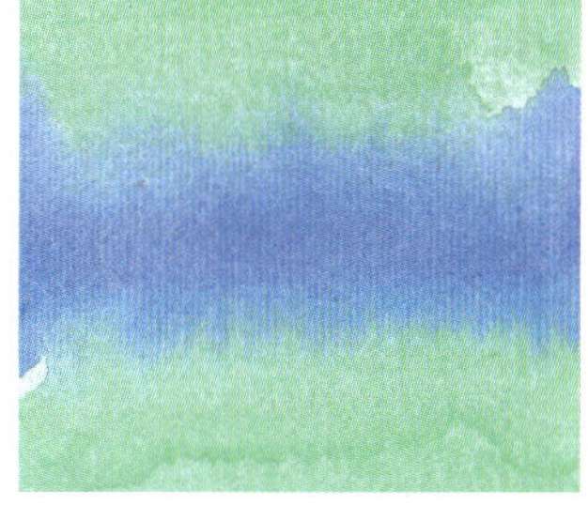 

Befeuchte ein Blatt mit einem Schwamm oder dicken Pinsel. Male kleine Kleckse darauf.

Versuche dasselbe mit zwei Farben. Die Farben verlaufen ineinander und ergeben ein Muster.

Male eine einfarbige Lavur und vor dem Trocknen einen andersfarbigen Streifen darüber.

Male eine Lavur. Tropfe Kleckse sauberen Wassers auf die Farbe und lass sie verlaufen.

Fließende Farbübergänge

  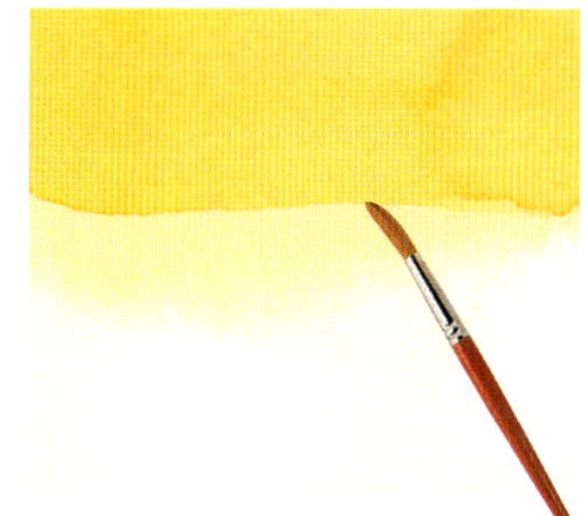 

1. Befeuchte das gesamte Blatt mit einem sauberen, nassen Schwamm.

2. Mische zwei verschiedene Aquarellfarben auf einer Palette an.

3. Laviere ungefähr ein Drittel deines Papierbogens in einer Farbe.

4. Drehe das Blatt und male eine Lavur in der zweiten Farbe auf den restlichen Teil.

5. Pinsle über das ganze Blatt, um die Farben in der Mitte zu vermischen.

Versuche, drei Farben ineinander übergehen zu lassen.

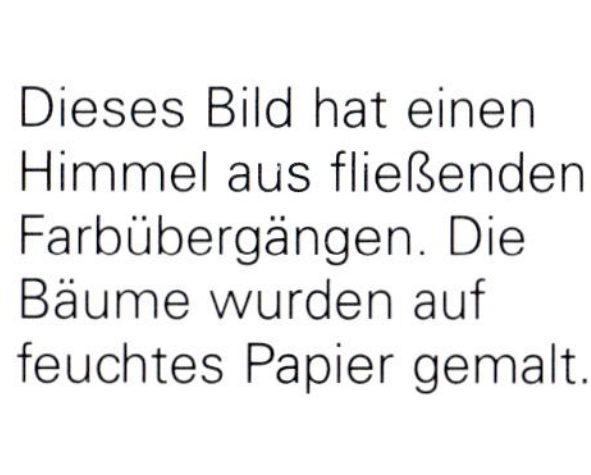

Dieses Bild hat einen Himmel aus fließenden Farbübergängen. Die Bäume wurden auf feuchtes Papier gemalt.

Auf feuchtem Papier malen

AQUARELLPAPIER

Bevor du das Projekt
auf diesen Seiten
durchführst, probiere
diese Technik auf
etwas Schmier-
papier aus.

1. Gib drei verschie-
dene Aquarellfarben
auf eine Palette oder
einen Teller.

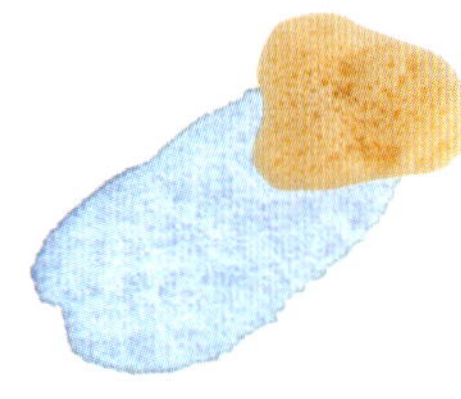

2. Befeuchte ein Blatt
Papier mit einem
Schwamm oder
sauberen Pinsel.

Die Farbe verläuft.

3. Pinsle Farbe in
kurzen, leichten
Strichen auf das
nasse Papier.

Experimentiere
mit verschiedenen
Farbkombinationen.

Zitronengelb,
Kobaltblau und
Grün

Lass die zweite Farbe
in die erste verlaufen.

4. Befeuchte ein
weiteres Blatt.
Verwende zwei
verschiedene Farben.

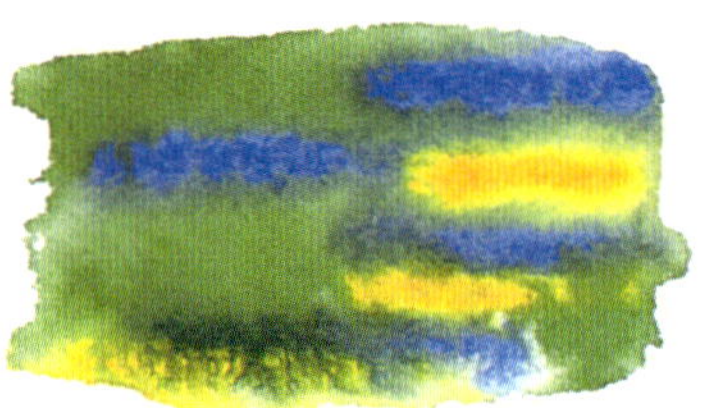

5. Male ein drittes
Muster mit drei
Farben. Lass die
Farben verlaufen.

Windmühlen am Fluss

1. Mische zwei
verschiedene
Blautöne und grüne
Aquarellfarbe an.

2. Befeuchte die
untere Papierhälfte
mit einem Schwamm
oder Pinsel.

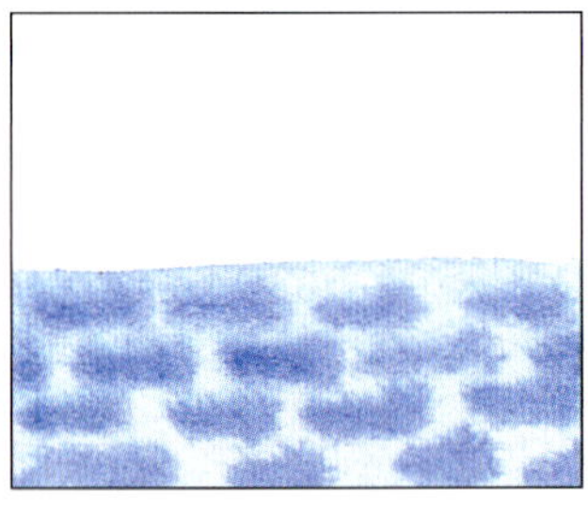

3. Pinsle mit einem
der beiden Blautöne
kurze Striche auf die
nasse Fläche.

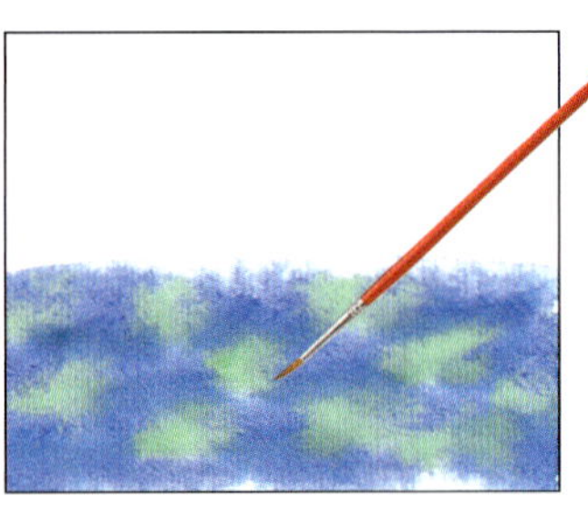

4. Füge Striche mit
dem anderen Blauton
und Grün hinzu. Lass
sie verlaufen.

5. Befeuchte den oberen
Teil des Blattes. Male
eine blassblaue Lavur
für den Himmel.

6. Wenn die Farbe
trocken ist, male
einen grünen Streifen
und Windmühlen.

7. Male mit der
Spitze eines dünnen
Pinsels Linien als
Windmühlenflügel.

8. Male mit Grün die
Blätter im Vorder-
grund und mit Rot
die Tulpen.

Bei diesen Bildern wurde zuerst das Meer gemalt und dann der Himmel. Nach dem Trocknen wurden mit Aquarellfarbe die Details hinzugefügt.

Aquarellformen

AQUARELLPAPIER ODER DICKES ZEICHENPAPIER

Auch diese Idee zeigt, wie sich Aquarellfarben auf feuchtem Papier verteilen.

Vermische zuerst ganz wenig blaue Farbe mit etwas Wasser, so dass sie sehr wässrig ist.

Die Farbe verläuft bis zum Umriss.

1. Male mit der wässrigen Farbe einen einfachen Umriss. Fülle ihn mit Wasser aus.

2. Mische weitere Farbtöne. Gib einen Klecks Farbe in die Form, solange sie noch nass ist.

3. Füge weitere Farbkleckse hinzu, so dass sie verlaufen. Lass das Papier flach trocknen.

Male zuerst den Baumstamm und dann die Blätter.

Male die Fühler der Schmetterlinge mit einem dünnen Pinsel.

Verwende für die unteren Blätter Grün- und Blautöne. Male weiter oben rote, gelbe und orange Blätter.

Blastechnik

BELIEBIGES DICKES PAPIER

1. Verdünne zwei Farben mit Wasser, so dass sie sehr wässrig sind.

2. Gieße jeweils eine kleine Menge dicht nebeneinander auf Papier.

3. Halte einen Strohhalm über die Mitte der Farbkleckse und blase kräftig.

4. Blase die Farbe nach außen, so dass die Form einer Distel entsteht.

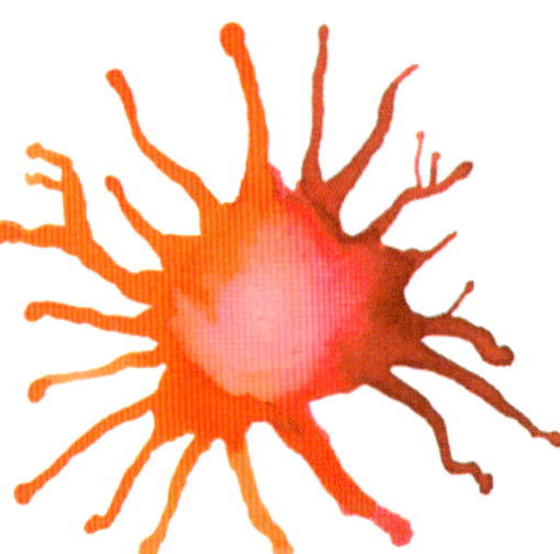

5. Blase die Farbe weiter in verschiedene Richtungen von innen nach außen.

6. Tupfe die Mitte behutsam mit der Ecke eines feuchten Lappens ab.

7. Wische die verbliebene Farbe kreisförmig zu einer Gesichtsform.

8. Lass sie trocknen. Male dann mit einem feinen Pinsel Augen darauf.

9. Male Augenbrauen, eine Nase, dünne Lippen und spitze Ohren dazu.

Verwende harmonierende Farben (s. S. 37), wie z. B. Blau und Grün, Rot und Orange oder Rot und Lila.

Himmel malen

AQUARELLPAPIER

Aquarellfarben eignen sich gut, um Himmel und Wolken zu malen. Experimentiere mit den hier gezeigten Ideen, bevor du ein Bild malst. Nimm unterschiedliche Blauschattierungen für verschiedene Himmel.

Wolken

1. Befeuchte Papier mit Schwamm oder Pinsel. Male eine Lavur in Kobaltblau.

2. Tupfe das Bild mit der Ecke eines Papiertaschentuchs ab. So entstehen Schäfchenwolken.

Verschiedene Himmel

Male für einen „bleiernen" Himmel eine Lavur aus zwei Blautönen.

Male eine gelb-orange Lavur.

Füge nach dem Trocknen die Bäume hinzu.

Tupfe für Regenwolken Farbe ab und füge dann am unteren Ende jeder Wolke eine dunklere Linie hinzu.

Male eine lila Lavur und tupfe dann Farbe mit einem Papiertaschentuch und einem Pinsel ab.

Gewitterhimmel

Hier lernst du, wie man einen dunklen, bewölkten Himmel malt.

Für dieses Bild brauchst du Aquarellfarben in Kobaltblau, gebrannter Umbra und Ockergelb.

1. Befeuchte das gesamte Blatt mit einem dicken Pinsel oder Schwamm.

2. Mische Kobaltblau mit gebrannter Umbra zu einem dunklen Grau.

3. Verteile Kleckse der grauen Farbe auf den oberen Teil deines Blattes.

4. Füge mit der Pinselspitze einige Kleckse Ockergelb hinzu.

5. Mische verschiedene Grüntöne (siehe Seite 9). Tupfe sie unten auf das Bild.

6. Füge weitere Grüntöne hinzu. Lass sie mit dem grauen Himmel verlaufen.

7. Lass den Himmel trocknen. Male dann mit dem Grau aus Schritt 2 eine Burg.

Salzbilder

AQUARELLPAPIER

Wenn du Salz auf nasse Aquarellfarben streust, hinterlässt es beim Trocknen einen körnigen Effekt. Dieser ist unterschiedlich, je nachdem, ob du grobes oder feines Salz verwendest.

Male schnell, da die Farbe beim Streuen des Salzes nass sein muss.

1. Male einen Wal und dann Streifen als Meer. Lass jeweils Platz dazwischen.

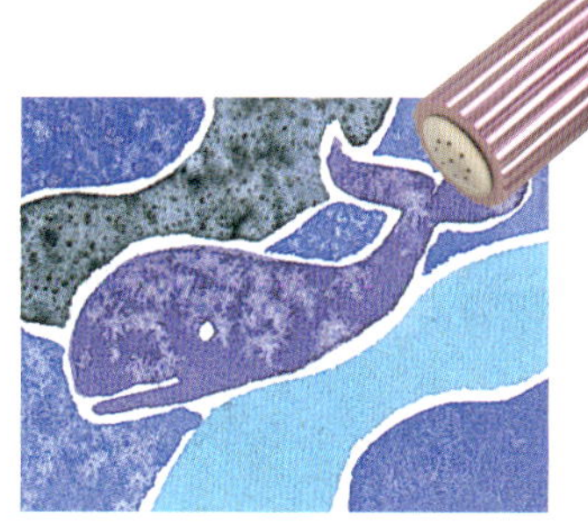

2. Streue grobes oder feines Salz über das ganze Blatt, bevor die Farbe trocknet.

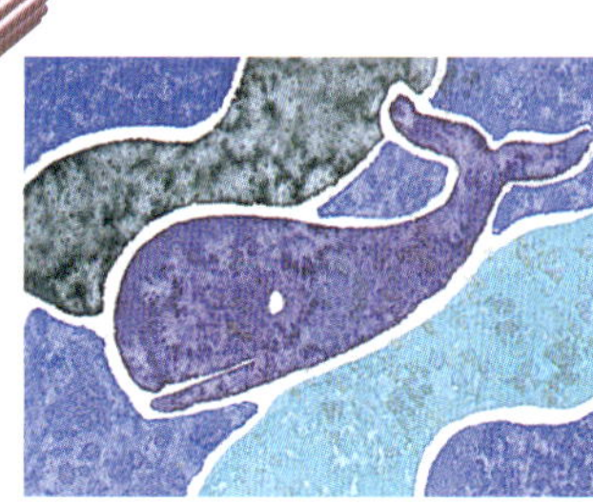

3. Das Salz saugt beim Trocknen die Farbe auf. Lass das Bild flach liegen.

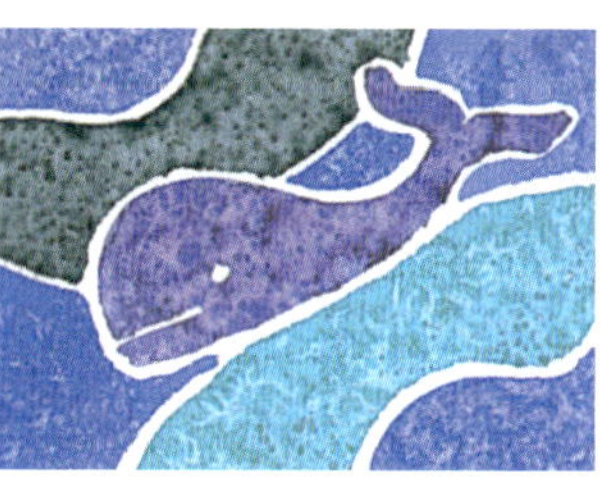

4. Reibe das Salz nach dem Trocknen ab oder lass einen Teil darauf haften.

Male Meerestiere um den Wal herum. Halte dich an einfache Formen.

Von diesem Bild wurde das Salz nicht abgerieben, so dass der Hintergrund einen sandigen, strukturierten Effekt hat.

Glanzpunkte

Glanzpunkte lassen Bilder lebendig werden. Sie können Dinge so wirken lassen, als ob sie aus Glas oder Metall wären. Hier lernst du zwei Arten von Glanzpunkten kennen. Für das Malen mit Aquarellfarben eignet sich die erste Technik besser.

Glanzpunkte bewirken, dass dieses Vogelauge zu glänzen scheint.

Glanzpunkte durch Auslassung

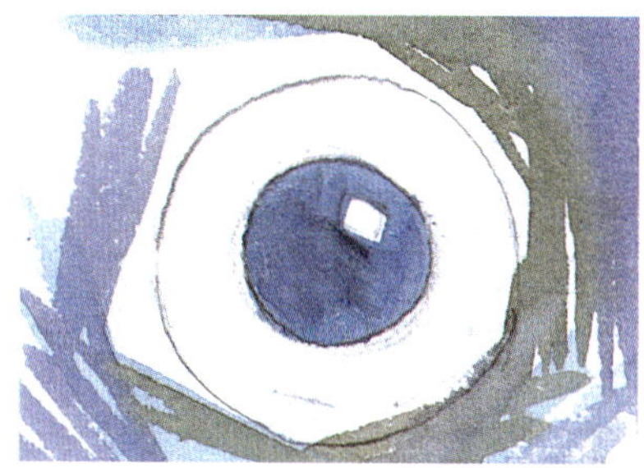

1. Zeichne zwei Kreise. Fülle den inneren aus und lass eine rautenförmige Stelle frei. Male um den äußeren, größeren Kreis herum.

2. Umrande das Auge mit dunklerer Farbe. Male noch einmal über den inneren Kreis und lass eine zweite Stelle neben der ersten frei.

3. Fülle das Auge mit oranger Farbe aus. Verleihe der Augenhöhle durch blaugrüne Linien unter dem Auge Form.

Glanzpunkte mit Deckweiß

1. Zeichne einen Roboter. Male mit schwarzer Farbe über die Umrisse.

2. Mische etwas Weiß in die schwarze Farbe. Male von innen Linien entlang der Umrisse.

3. Mische mehr weiße Farbe hinein. Male damit hellere Stellen (siehe Bild).

4. Wasche deinen Pinsel gut aus. Füge auf jedem Körperteil weiße Linien hinzu.

Du kannst Weiß mit jeder Farbe vermischen und so Glanzpunkte erzeugen.

Bei diesem Hintergrund wurde mit stark verdünnten Acrylfarben gearbeitet. Die Roboter wurden nach dem Trocknen der Farbe darübergemalt.

Perspektive malen

Perspektive bedeutet so zu malen, dass ein räumlicher Eindruck entsteht. Farben scheinen zu verblassen, je weiter das Objekt im Hintergrund ist. Male die Bilder auf dieser Doppelseite mit beliebiger Farbe auf dickes Papier.

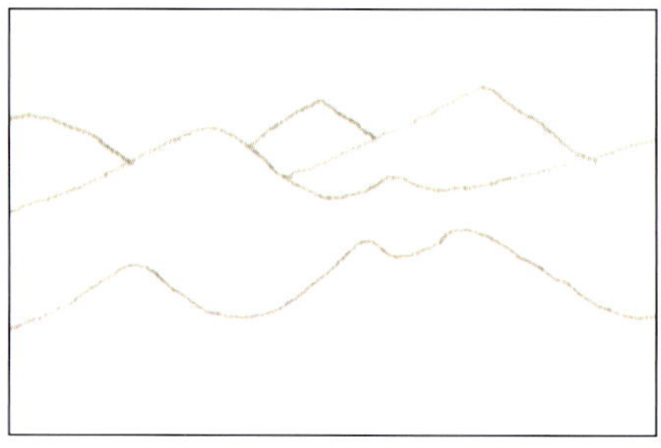

1. Zeichne mit Bleistift die Umrisse von Bergen. Beginne mit dem vordersten Berg.

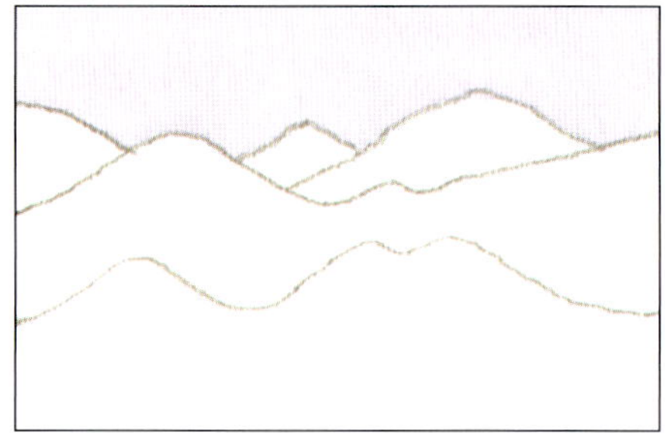

2. Mische etwas Blau und einen Tupfen Rot mit Wasser. Fülle damit den Himmel aus.

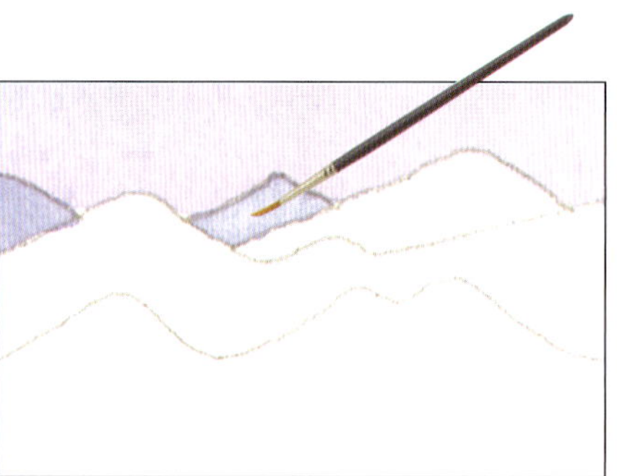

3. Füge der Farbe etwas mehr Blau hinzu. Male die hintersten Berge damit aus.

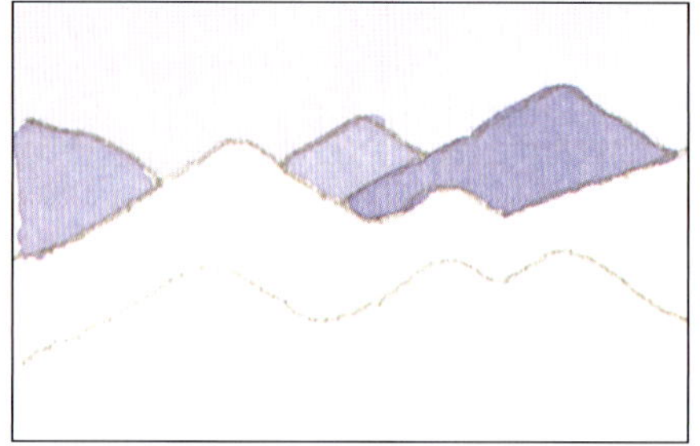

4. Mache die Farbe mit mehr Blau und Rot dunkler. Fülle den nächsten Berg aus.

5. Füge mehr blaue und rote Farbe hinzu, bis alle Berge ausgefüllt sind.

Dieses Bild wurde mit Aquarellfarben auf Aquarellpapier gemalt.

Bei diesem Bild wurden zuerst die Häuser, das Meer, der
Vorhang und die Berge gemalt. Der Fensterrahmen und die
Katze wurden hinzugefügt, nachdem die Farben trocken waren.

Pastellkreiden

Pastellkreiden sind sehr weich und lassen sich leicht auftragen. Du kannst tolle Effekte erzielen, wenn du sie übereinander aufträgst und die Übergänge verwischst.

Halte eine Pastellkreide wie einen Bleistift. Male mit dem Ende Zickzacklinien.

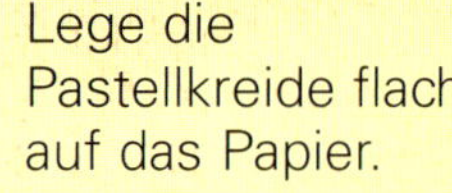

Lege die Pastellkreide flach auf das Papier.

Du kannst auch mit der Seite einer Pastellkreide malen. Brich sie durch und schäle das Schutzpapier ab.

Farben mischen

Du kannst Pastellfarben auf dem Papier mischen, indem du Striche übereinander malst.

Trage die Farben in verschiedener Reihenfolge auf. So erhältst du unterschiedliche Farbtöne.

Wischtechnik

1. Male für Farbübergänge zunächst verschiedenfarbige, sich überlappende Striche.

2. Verwische die Übergänge dann mit dem Finger. Dies erzeugt einen weichen Effekt.

Du kannst auch ein Wattestäbchen verwenden, dann bleiben deine Finger sauber.

Fließende Übergänge

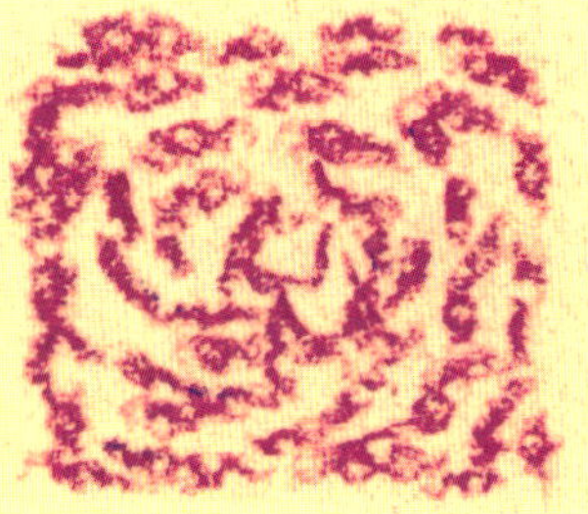

Die Farben mischen sich in der Mitte.

1. Male im oberen Bereich des Blattes mit der Längskante einer Pastellkreide mehrere Streifen.

2. Male mit anderen Kreiden weitere Streifen. Die Farben sollen sich dabei überlappen.

Gebrochene Farben

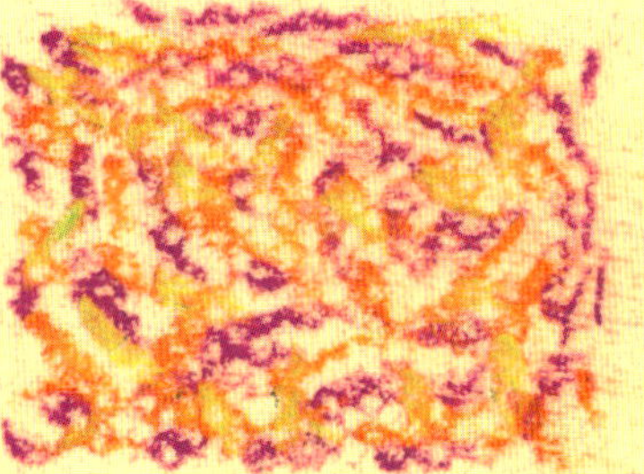

1. Beginne in der Mitte. Male viele kurze Striche in einer Farbe um einen Mittelpunkt herum.

2. Fülle die Zwischenräume teilweise mit andersfarbigen kurzen Strichen aus.

Gepunktete Bilder

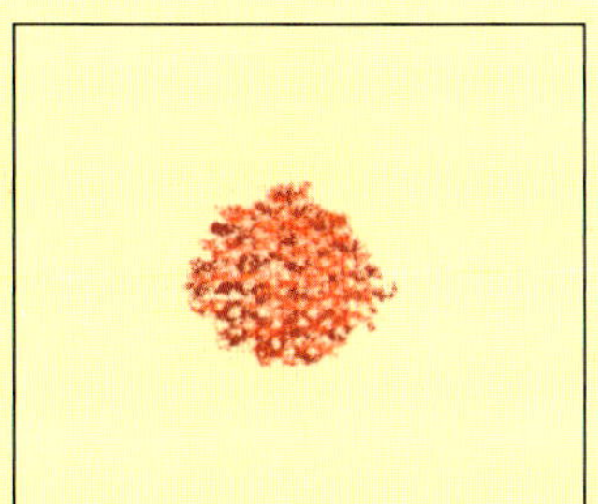

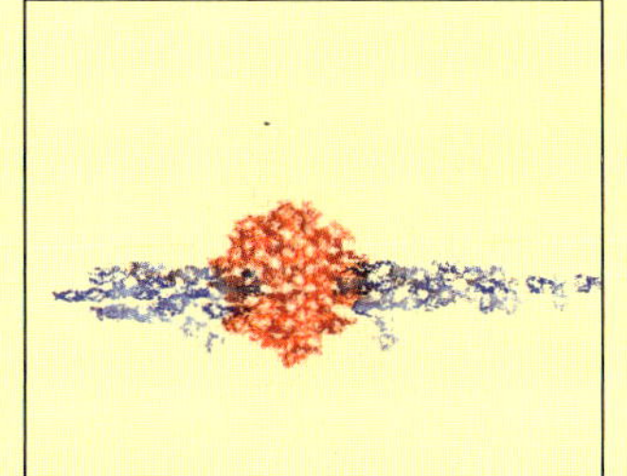

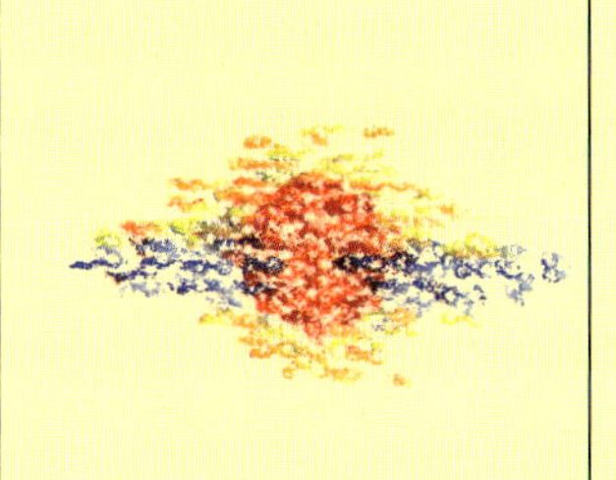

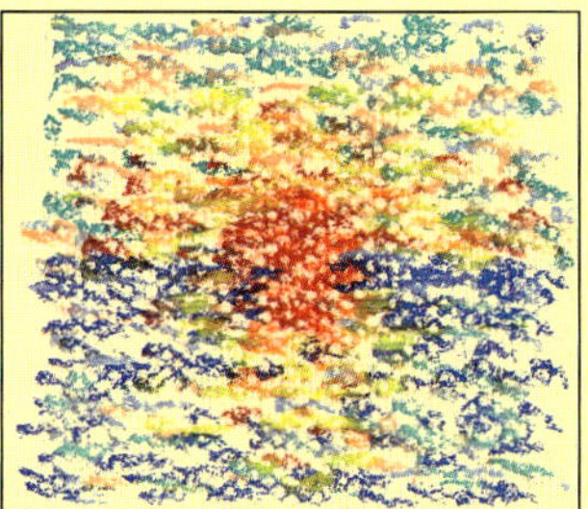

1. Male mit dem Ende oranger und roter Pastellkreide in kurzen Strichen eine Sonne.

2. Male eine Linie aus hell- und dunkelblauen Strichen über die Mitte der Sonne.

3. Male gelbe und orange Striche um die Sonne und auch einige in den Himmel.

4. Gestalte den Himmel und das Meer mit verschiedenen Blautönen und etwas Rosa.

Papier für Pastellkreiden

Pastellkreidezeichnungen auf farbigen Bögen ergeben tolle Effekte. Am besten eignet sich leicht raues oder strukturiertes Papier.

Die Papiersorte unten nennt man Ingrespapier.

Pastellkreiden sind auf schwarzem Papier optisch besonders wirksam.

Raues Bastelpapier ist gut und preisgünstig.

Weltall in Pastellkreide

ZEICHENPAPIER

1. Male mit schwarzer Pastellkreide zwei parallele Bögen.

2. Fülle den Raum dazwischen mit dunkelblauer Pastellkreide aus.

3. Füge einen gelben und einen weiteren dunkelblauen Streifen hinzu.

4. Male diagonale Striche in Schwarz und Ultramarinblau als Nachthimmel.

5. Male lange weiße Striche auf die schwarzen Streifen.

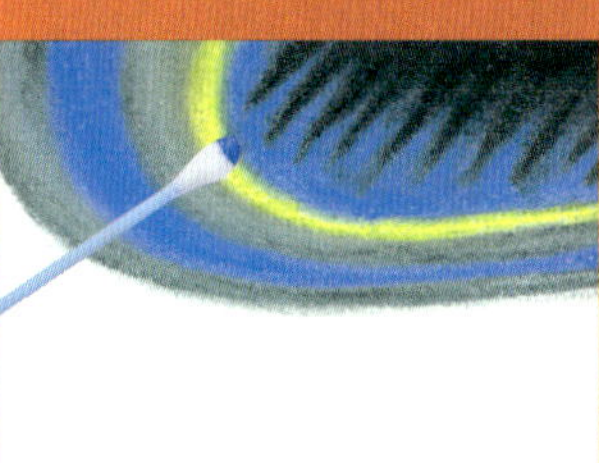

6. Verwische alle Farben mit dem Finger oder einem Wattestäbchen.

7. Wasche deine Hände oder nimm mehrere Wattestäbchen, da sie schmutzig werden.

8. Male eine graue Linie als Horizont und rote und gelbe Streifen darüber.

9. Male im Vordergrund verschiedene Kreise und Wellenlinien.

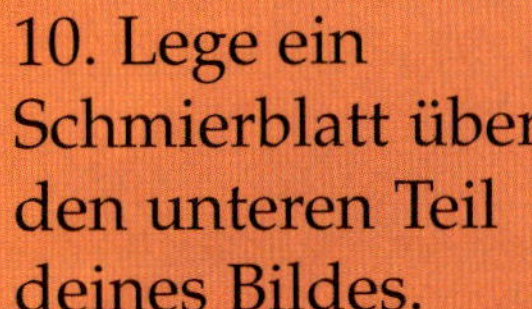

10. Lege ein Schmierblatt über den unteren Teil deines Bildes.

11. Male Monde und Sterne auf den Himmel. Verwische sie vorsichtig.

12. Male mit Grau oder mit Schwarz und Weiß Wolken an den Horizont.

13. Füge mit Gelb Lichtreflexe an der linken Seite der Wolken hinzu.

14. Verwische den Vordergrund, doch lass die Wolken so, wie sie sind.

Weitere Kreidetechniken

Auf diesen Seiten lernst du zwei weitere Farbmischtechniken für Pastellkreiden. Bei beiden Techniken vermischst du die Farben durch Überlappen, nicht durch Vermischen.

Experimentiere mit verschiedenen Formen, Mustern und Farben.

Denk daran, dass die Farbe des Zeichenpapiers die Farben der Kreiden beeinflusst.

Farbflächen

Verteile mit der Seite einer Pastellkreide Farbflächen auf deinem Blatt. Gehe dann mit andersfarbiger Pastellkreide darüber.

Schraffieren

Male mit dem Kreideende kurze, diagonale Striche und wiederhole dies mit anderen Farben. Probiere verschiedene Farbkombinationen aus.

Die Linien verlaufen in die gleiche Richtung.

Du kannst zum Beispiel über eine Farbfläche schraffieren.

Landschaft

1. Male mit der Seite einer türkisen Kreide Farbflächen als Himmel. Lass dabei Lücken für die Bäume.

2. Male hellblaue Flecken auf den Himmel und dunkelblaue darüber.

3. Ergänze mit der Seite von roten, gelben und orangen Pastellkreiden die Baumkronen.

4. Schraffiere jeden Baum in verschiedenen Farben. Lass sie ineinander übergehen.

5. Male mit der Seite von grünen, gelben und orangen Kreiden Streifen als Wiesen und Felder.

6. Male Schraffuren über die Streifen. Lass sie im Vordergrund länger werden.

7. Ergänze mit dem Ende einer schwarzen Kreide eine Linie am Horizont sowie die Baumstämme.

Ölkreiden

Ölkreiden liefern sehr leuchtende, kräftige Farben. Sie verwischen nicht so stark wie Pastellkreiden, daher malt es sich mit ihnen leichter. Du kannst Ölkreiden ähnlich wie Pastellkreiden einsetzen.

Ölkreiden lassen sich wie Pastellkreiden gut auf buntem Papier mit leicht strukturierter Oberfläche auftragen.

Male verschiedenfarbige kurze Striche in die gleiche Richtung.

Farbflächen kannst du mit der Seite ausfüllen. Brich die Kreide durch und entferne das Papier.

Zeichne viele, sich überlappende Striche.

Weiße Ölkreide ist auf farbigem Papier besonders wirksam.

Du kannst Ölkreiden auf schwarzes Papier auftragen. Die Farben sehen jedoch anders aus als auf weißem.

Farben mischen

Wenn du verschiedene Farben übereinander aufträgst, kannst du fließende Übergänge schaffen.

Zeichenpapier sowie raues Bastelpapier eignen sich gut für Ölkreiden.

Tiger in hohem Gras

1. Zeichne unter dem oberen Drittel des Blattes mit Lila eine horizontale Linie.

2. Füge Hügel hinzu. Gestalte den Himmel mit Hellblau und Weiß.

3. Bedecke die Hügel teilweise mit Grau, damit sie weit entfernt wirken.

4. Fülle mit der Seite einer orangen Kreide den Vordergrund aus.

5. Zeichne den Umriss eines großen Tigers auf den Vordergrund.

6. Male mit Orange, Gelb und Schwarz das Fellmuster hinzu.

7. Lass die schwarzen Streifen durch Verwischen in die anderen übergehen.

8. Zeichne mit Grün- und Brauntönen lange Grashalme vor dem Tiger.

Farben und Muster

Wenn du mit Ölkreiden malst, kannst du wunderbar mit den kräftigen, lebendigen Farben experimentieren. So siehst du, wie sie sich gegenseitig beeinflussen.

Das blaue Viereck in dem gelben sieht heller aus als das gleiche Blau auf Grau.

Das grüne Viereck in dem roten wirkt kräftiger als das gleiche Grün auf Grau.

Mit Farben experimentieren

Trage verschiedene warme Farben nebeneinander auf.

Probiere dasselbe mit kalten Farben wie Grün- und Blautönen.

Male mit warmen und kalten Farben dicke und dünne Streifen.

Male kräftige und blasse Farben nebeneinander.

Nimm nur dunkle Farben wie Blau, Lila und Braun.

Male abwechselnd Streifen in dunklen und hellen Farben.

Verziere die Streifen mit verschieden großen Tupfen.

Zeichne dünne Linien oder Zickzackmuster auf einige Streifen.

Bunte Grußkarte

1. Male mit Lila ein großes Rechteck und mit Orange ein kleineres hinein.

2. Male gelbe Dreiecke und fülle die Zwischenräume mit Grün.

3. Umrande die Dreiecke mit Dunkelgrün. Füge rote Punkte hinzu.

4. Male rote Zaunpfosten mit lila Schatten an der linken Seite.

5. Male den Rumpf eines Huhns. Lass einen Kreis für das Auge frei.

6. Füge Schnabel, Flügel, Schwanz und Füße hinzu. Male Streifen auf die Füße.

7. Male den Himmel flächig aus. Mache die Ecken mit Dunkelblau und Lila dunkler.

8. Ziehe einen Teil der Umrisse mit schwarz nach und ergänze zum Schluss die Pupille.

Effekte mit Ölkreide

BELIEBIGES WEISSES PAPIER

Glasmalerei-Effekt

1. Falte ein Blatt in der Mitte und öffne es. Zeichne mit schwarzer Ölkreide einen halben Schmetterling.

2. Falte das Blatt zu und reibe mit dem Griff einer Schere darüber. Falte das Blatt wieder auf.

3. Zeichne mit der Kreide die schwachen Umrisse der anderen Schmetterlingshälfte nach.

4. Male Blätter als Hintergrund für deinen Schmetterling. Fülle die freien Flächen mit Tusche aus.

Tuscheumrisse

Lass Lücken zwischen den Farbflächen.

1. Folge den Schritten 1-3 auf Seite 74, jedoch mit einem weichen Bleistift. Male die freien Stellen mit Ölkreide aus.

2. Pinsle mit heller oder verdünnter Tusche über das gesamte Bild. So füllst du die Lücken zwischen den farbigen Flächen.

3. Kratze mit einem Schraubenzieher Schraffuren auf die Schmetterlingsflügel und die Blätter im Hintergrund.

Wachsstifte

Wachsstifte sind äußerst vielseitig: Je stärker du aufdrückst, desto kräftiger ist die Farbe. Sie lassen sich mischen und eignen sich für Abrieb- und Resistenzeffekte.

Wenn du den Druck beim Zeichnen variierst, erhältst du verschiedene Helligkeitsstufen.

Du kannst Wachsstifte auch mischen, sie gehen aber nicht so fließend ineinander über wie Pastell- oder Ölkreiden.

Wachssterne

Drücke fest auf.

1. Male mehrere große Sterne in je zwei Farben. Füge jeweils einen Schweif hinzu – so entstehen Sternschnuppen.

2. Mische in einem Becher dunkelblaue Aquarellfarbe an. Sie sollte nicht zu wässrig sein.

3. Pinsle die Farbe über das gesamte Blatt. Die Wachsstiftlinien verlaufen nicht.

Fantasievogel

1. Zeichne mit Bleistift einen großen Vogel. Drücke dabei nur leicht auf.

In dem großen Bild siehst du die zu malenden Linien.

2. Male mit weißem Wachsstift Federn am Kopf, Rumpf und Schwanz. Male auch Linien auf die Füße.

3. Mische in einem Becher orange Farbe an. Male damit über das ganze Bild.

4. Male mit einem dünnen Pinsel und dunkelroter Farbe Federmuster.

5. Ziehe nun die Umrisse nach und verziere Schwanz und Flügel.

6. Rahme Auge, Schnabel und Füße mit Linien ein. Male Streifen auf die Füße.

Abriebtechnik

DÜNNES WEISSES PAPIER

   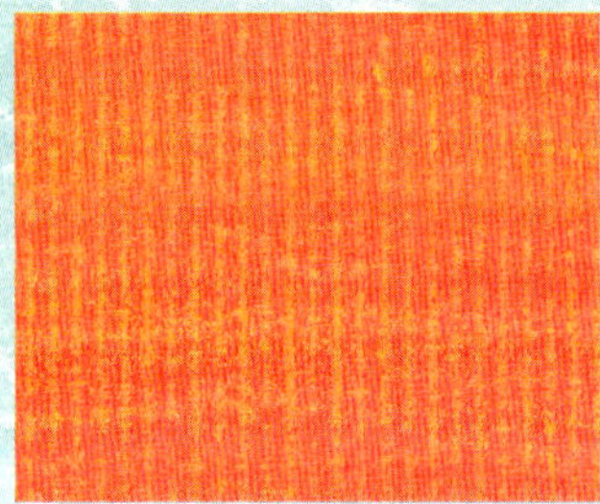

1. Brich einen Wachsstift in zwei Hälften. Schäle das Schutzpapier ab.

2. Lege ein dünnes Blatt auf eine strukturierte Oberfläche, wie z. B. Wellpappe.

3. Reibe die Seite eines Wachsstifts über das Blatt – ein Abdruck entsteht.

4. Male mit einer kontrastierenden Aquarellfarbe oder Tusche daüber.

5. Fertige Abriebe von anderen Oberflächen an. Bemale sie mit verschiedenen Farben.

6. Male auf einem neuen Blatt eine Häuserreihe. Jedes soll anders aussehen.

7. Schneide die Abriebe in Streifen. Klebe auf jedes Haus drei oder vier Stück.

8. Male mit schwarzem Wachsstift Fenster, Türen und Verzierungen darauf.

Weitere Wachseffekte

BELIEBIGES DICKES PAPIER

1. Male mit leuchtenden Wachsstiften einen gemusterten Streifen am unteren Papierrand.

2. Male Gebäude mit vielen Kuppeln, Türmen und Fenstern in verschiedenen Farben.

3. Füge Palmen hinzu. Male die Flächen der Fassaden und Dächer mit leuchtenden Wachsstiften aus.

4. Bemale das gesamte Bild mit Plakatfarbe in einem dunklen Ton, zum Beispiel Rot oder Blau.

5. Tupfe mit einem feuchten, zerknüllten Tuch einen Teil der noch nassen Plakatfarbe ab.

6. Lass das Bild trocknen. Kratze dann mit einem Schraubenzieher Muster und Schattierungen in das Wachs.

Marmor-Effekt

DÜNNES PAPIER, ZUM BEISPIEL DRUCKERPAPIER

Bei dieser Resistenztechnik mit Wachsstiften ist es am besten, wenn dein Bild das ganze Blatt einnimmt.

Im Wachs erscheinen Risse, wenn du das Papier zerknüllst (siehe Schritt 3). Die Farbe dringt in diese ein und hinterlässt einen interessanten Effekt.

1. Zeichne mit Wachsstiften eine Topfblume und male sie aus. Drücke dabei fest auf.

2. Fülle den Hintergrund lückenlos mit Wachsstift. Drücke fest auf.

3. Zerknülle das Blatt von den Ecken aus. Pass dabei auf, dass es nicht zerreißt.

4. Falte das Papier auseinander. Zerknülle es erneut, so dass du viele Risse erhältst.

5. Glätte das Bild. Bemale es komplett mit dunkler Plakatmalfarbe.

6. Pinsle dabei gründlich über alle Risse, damit die Farbe eindringt.

7. Spüle beide Seiten kurz unter dem Wasserhahn ab. Lass das Bild trocknen.

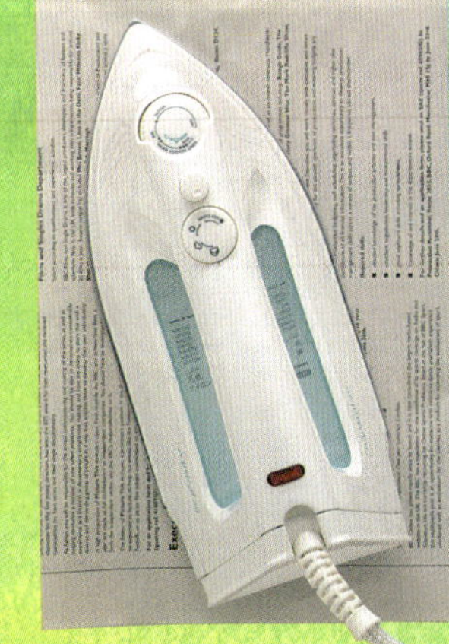

Stelle das Bügeleisen auf eine niedrige Stufe ein.

8. Wenn dein Bild immer noch zerknittert ist, bügle es zwischen zwei Zeitungen.

Strukturpapier

Viele der Seiten in diesem Buch haben farbige Hintergründe. Hier lernst du, wie sie erstellt wurden und findest außerdem viele weitere Anregungen zum Gestalten von Papier.

Hier wurden Tuschekleckse auf feuchtes Aquarellpapier getropft.

Hier wurde ein Blatt Papier auf die großen Löcher einer Käsereibe gelegt und mit gelbem Wachsstift abgerieben. Anschließend wurde diese Struktur mit Tusche übermalt.

Diese Abriebstruktur wurde auf den kleinen Löchern einer Käsereibe erstellt. Weitere Abriebstrukturen findest du auf Seite 78-79.

Streue für diesen Effekt Salz auf nasse Aquarellfarbe. Lass sie trocknen und reibe dann das gesamte Salz ab. Das Bild auf Seite 58 wurde mit dieser Technik gestaltet.

Bemale ein Stück Frischhaltefolie mit Farbe. Lege ein Papier darauf. Reibe leicht über das Papier und hebe es dann ab (siehe Seite 24 und 26).

Dieser Hintergrund wurde
ebenfalls mit Farbe auf
Frischhaltefolie gestaltet
(siehe unten links).

Diese Papierbögen wurden mit
einem Malerpinsel bemalt.
Trage eine Farbe auf und
pinsle nach dem Trocknen
eine andere darüber. Auf
Seite 90-91 siehst du einen
Hintergrund wie diesen.

Dieses Papier
wurde mit
Aquarellfarben
bemalt.
Anschließend
wurde es mit
sauberem Wasser
bespritzt, während
die Farbe noch nass
war. In Schritt 6 auf
Seite 31 lernst du
diese Spritztechnik.

Reibe die Seite eines
Wachsstiftes über ein
Papier und pinsle dann
Farbe darüber (siehe
Hintergrund auf Seite 80).

Collage aus bespritztem Papier

FARBIGES PAPIER, ZUM BEISPIEL RAUES BASTELPAPIER ODER PLAKATPAPIER

Beschwere die Zeitungen mit kleinen Steinen.

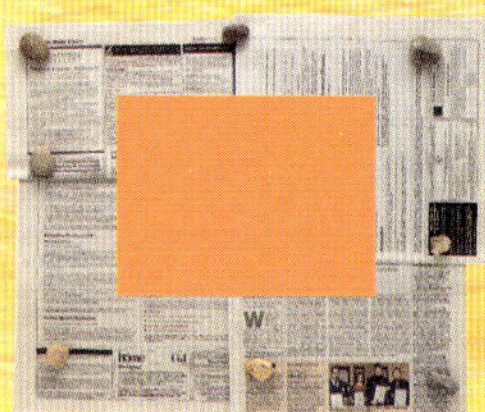

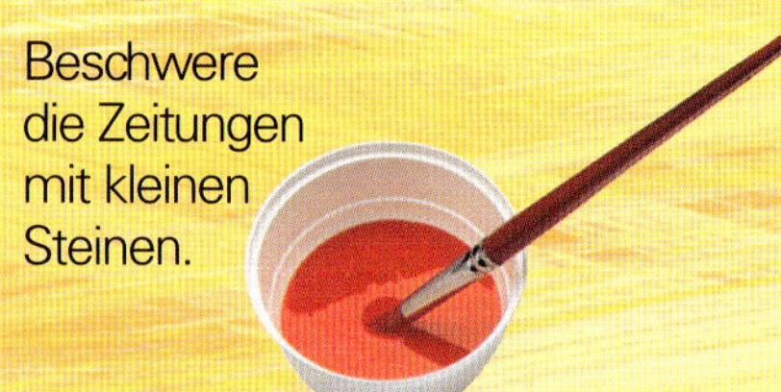

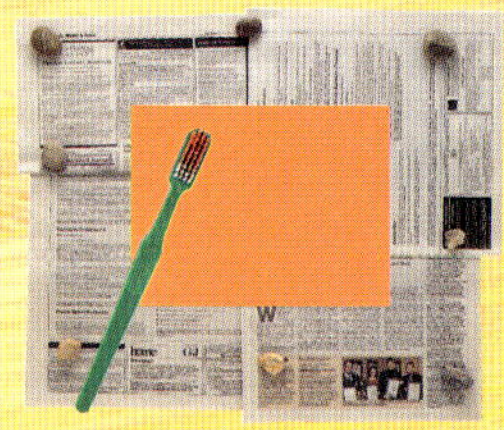

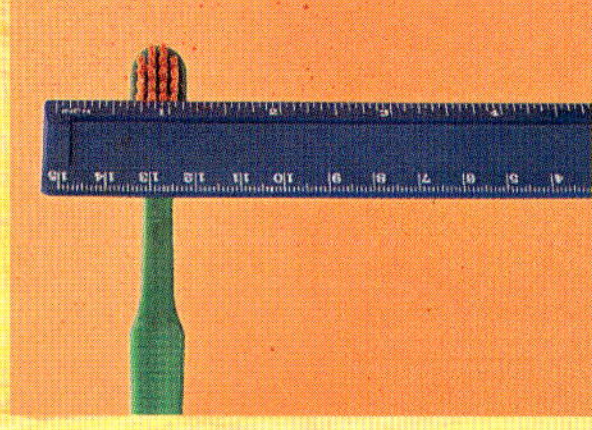

1. Wende diese Technik am besten draußen an. Lege dein Blatt auf Zeitungen.

2. Gib Plakatfarbe in einen Becher und verdünne sie mit Wasser.

3. Tauche eine alte Zahnbürste in die Farbe. Halte sie dann über das Papier.

4. Ziehe ein Lineal über die Borsten zu dir hin und spritze so Farbe aufs Papier.

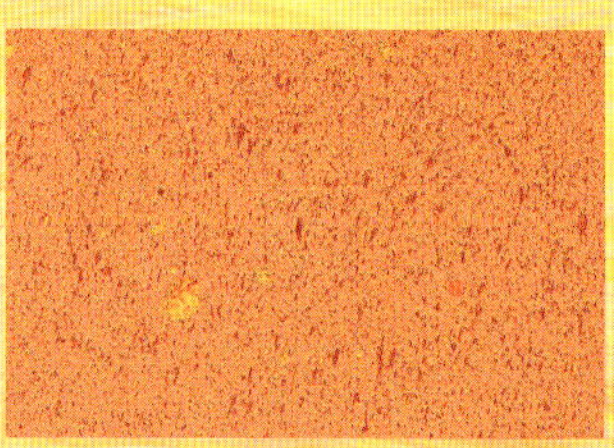

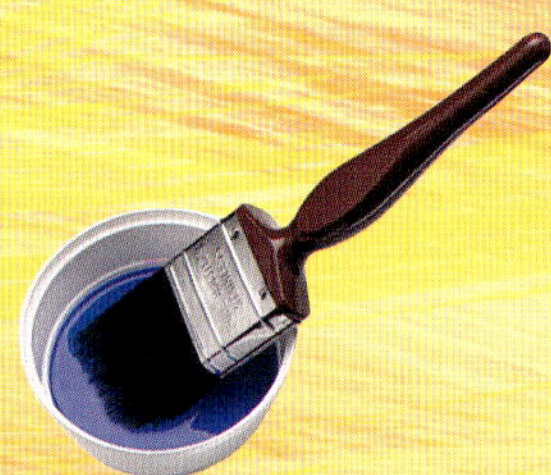

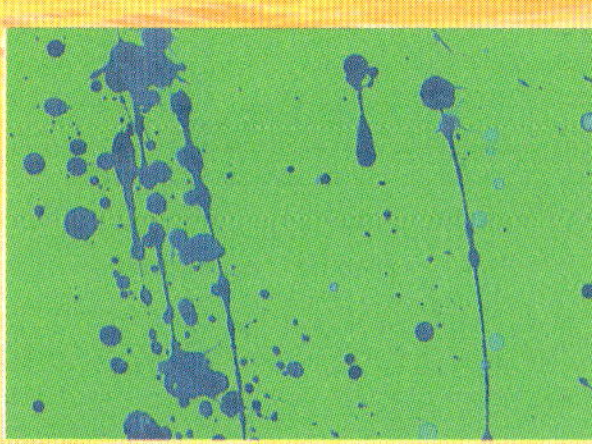

5. Spritze so lange, bis du den gewünschten Effekt hast. Lass die Farbe trocknen.

6. Mische eine andere Farbe und spritze sie genauso wie die erste über das Blatt.

7. Große Spritzer erhältst du mit einem Malerpinsel. Tauche ihn in flüssige Farbe.

8. Schüttle den Pinsel aus dem Handgelenk über das Papier und tauche ihn wieder ein.

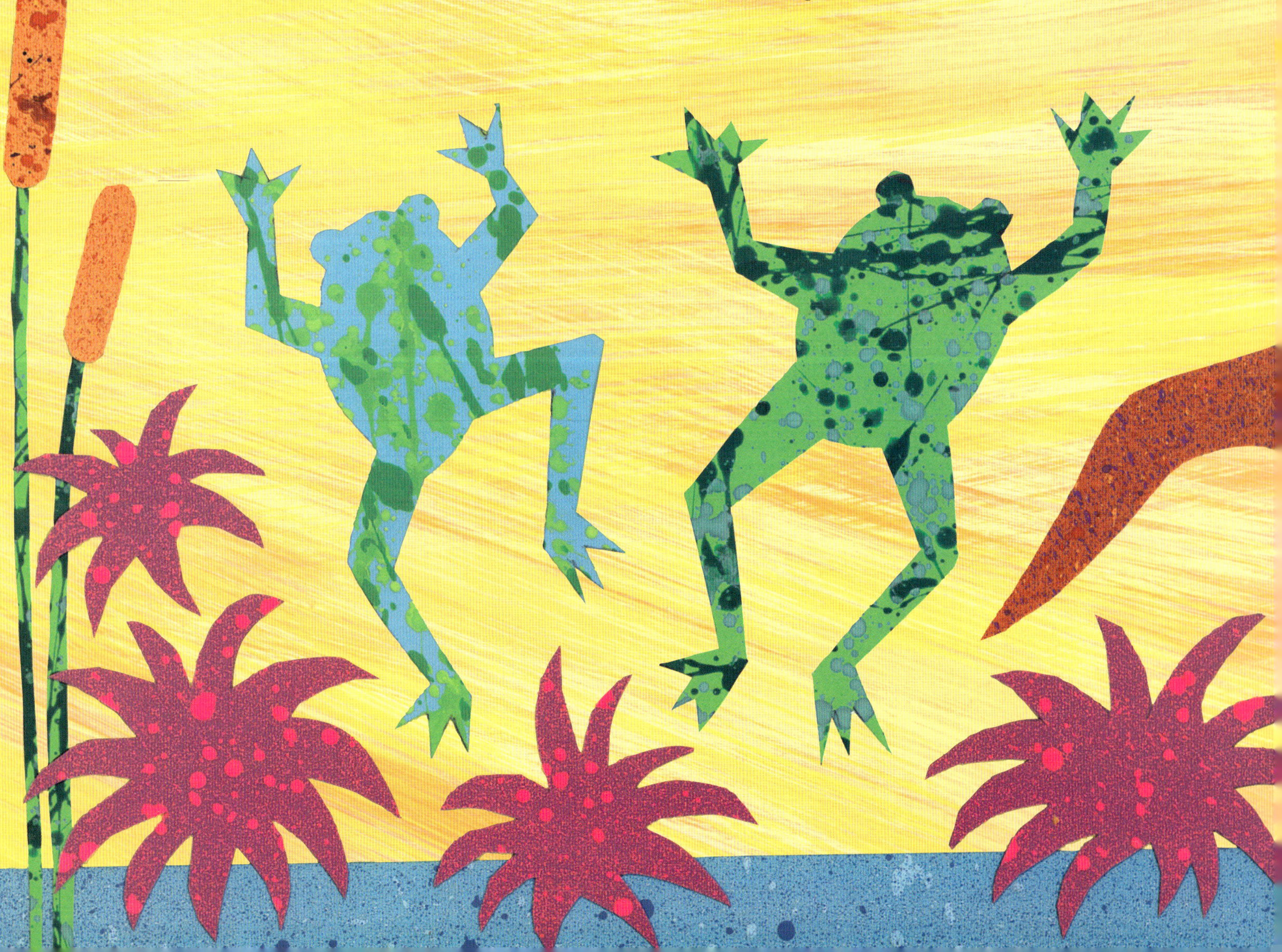

9. Spritze weiter
verschiedene Farben
über das Blatt. Lass
es trocknen.

10. Zeichne Frösche
und Blätter auf der
Rückseite des grob
bespritzten Papiers.

11. Zeichne Pflanzen
und einen Streifen als
Wasser auf das fein
bespritzte Blatt.

12. Schneide die
Formen aus und
klebe sie auf Papier
in einer Kontrastfarbe.

Seidenpapier-Bild

BELIEBIGES DICKES PAPIER

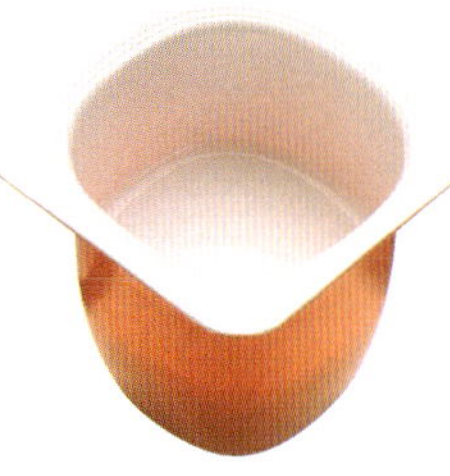

Die Farben ändern sich, wo sich das Papier überlappt.

1. Reiße einige ungleich-mäßige Schnipsel aus verschiedenfarbigem Seidenpapier.

2. Mische etwas Weißleim mit ein paar Tropfen Wasser in einem Becher.

3. Klebe die Seiden-papierformen leicht überlappend auf weißes Papier.

4. Füge mehr Schnipsel hinzu. Die Farben werden mit jeder Schicht kräftiger.

Zeichne auf das Seidenpapier. Es müssen keine genauen Umrisse sein.

Zeichne Punkte und Linien auf die Blätter.

Mohnblumen

1. Reiße aus rotem und orangem Seidenpapier große Blütenblätter.

2. Klebe eines leicht geknittert auf ein weißes Blatt.

3. Füge weitere Blütenblätter über-lappend dazu.

4. Schneide Blätter und Stängel aus. Klebe sie um die Blumen herum.

5. Pinsle Kleber über die Blumen. Dadurch glänzen sie leicht.

6. Zeichne nach dem Trocknen mit Filzstift darüber.

Karten und Rahmen

1. Falte ein Stück dünne Pappe. Fahre mit dem Fingernagel über den Knick.

2. Lege dein Bild auf die Vorderseite. Markiere die Ecken mit Bleistift.

3. Lege das Bild auf eine Zeitung. Verteile Kleber auf der Rückseite des Bildes.

4. Lege das Bild auf die Karte. Orientiere dich an den Bleistiftmarkierungen.

5. Lege ein sauberes Blatt auf das Bild und drücke es gleichmäßig an.

6. Lege die Karte über Nacht zum Pressen unter einen Bücherstapel.

Dieses kleine Aquarellbild erhielt zuerst einen farbigen Rahmen, bevor es aufgeklebt wurde.

mit goldenem Filzstift verzierte Karte

mit Seidenpapier gestaltete Karte

Rahmen

1. Schneide aus dicker Pappe in passender Farbe eine Form aus, die größer als dein Bild ist.

2. Schneide ein weiteres Stück Pappe in gleicher Größe aus. Das wird die Rahmenrückseite.

3. Lege dein Bild auf das erste Stück Pappe. Ziehe den Umriss mit Bleistift nach. Lege das Bild weg.

4. Für die Rahmenvorderseite ziehe 5 mm innerhalb der ersten Linie eine zweite und schneide an ihr entlang.

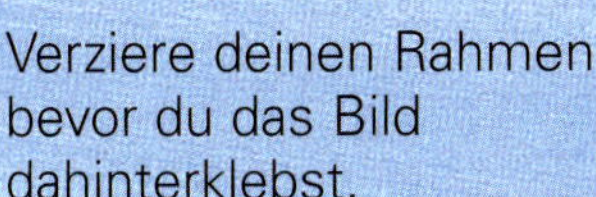

5. Klebe das Bild von hinten mit Tesa an den Rahmen. Klebe beides mit Leim auf die Rückseite.

Verziere deinen Rahmen, bevor du das Bild dahinterklebst.

Auf den Rahmen oben wurden kleine gerissene Seidenpapierstücke geklebt.

Weitere Ideen

Auf dieser und der nächsten Doppelseite
findest du viele weitere Ideen zu den
Techniken, die in diesem Buch erklärt sind.

Für das Bild oben wurden Stücke aus bespritztem Papier
zu einer Collage zusammengeklebt (siehe Seite 86-87).

Die Blumen und Schmetterlinge
unten und der Igel auf Seite 93
wurden mit verschiedenen
Tuschen gemalt (siehe
Seite 42-43).

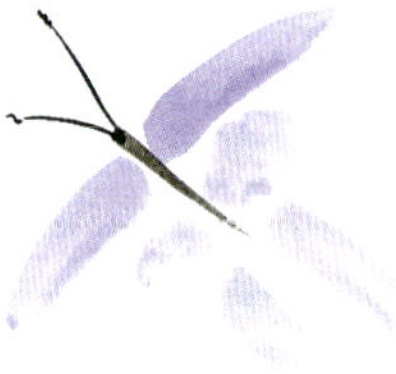

Für diese Fische wurde die
Blastechnik mit Strohhalm
und Tusche verwendet
(siehe Seite 54-55).

Diese Delfine wurden aus
Seidenpapier ausgeschnitten.
Anschließend wurden
Seidenpapierstreifen als Wellen
aufgeklebt (siehe Seite 88-89).

Die Bilder oben wurden mit Seidenpapier
und Acrylfarbe gestaltet (siehe Seite 12-13).

Das rot-orange Muster rechts wurde mit Acrylfarben gemalt. Die Punkte wurden mit einem Wattestäbchen hinzugefügt (siehe Seite 14-15).

Für diesen Löwen wurde Tusche geblasen und dann darübergezeichnet (siehe Seite 54-55).

Hier wurden die Blumen abgedeckt. Die Farbe darum herum wurde nicht gespritzt, sondern ganz vorsichtig mit Schwamm aufgetragen (siehe Seite 30-31).

Diese Blumen und Blätter wurden aus Seidenpapier gerissen und dann auf Papier geklebt (siehe Seite 88-89).

Streue für einen
körnigen Effekt wie
in der Dschungelszene
und in den beiden
Bildern unten Salz auf
nasse Aquarellfarbe
(siehe Seite 58-59).

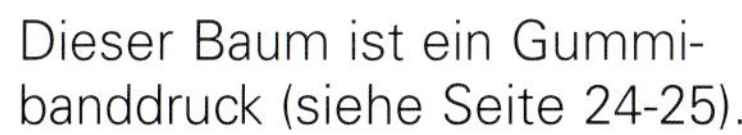

Diese Schildkröte ist eine Collage aus in dicke
Acrylfarbe gekratzten Mustern (siehe Seite 10-11).

Dieser Baum ist ein Gummi-
banddruck (siehe Seite 24-25).

Du kannst aus
Seidenpapier-
schnipseln
eine Schnecke
kleben (siehe
Seite 88-89).

Stichwortverzeichnis

Übersetzung: Stefanie Ettinger | Redaktion der deutschen Ausgabe: Tina Thieme | Lektorat: Sabine Wolff-Counihan

1. Auflage 2013